世界
经典阅读

项目策划 / 庄智象
项目统筹 / 庄若科
项目研发 / 上海时代教育出版研究中心

U0129755

Français

法语
经典课文

选 读

主编 / 曹德明

分册主编 / 杨姗

初级
上

上海译文出版社

图书在版编目（CIP）数据

法语经典课文选读 . 初级 . 上 / 曹德明主编；杨姗
分册主编 . —上海：上海译文出版社，2024.1
（世界经典阅读）
ISBN 978-7-5327-9482-9

Ⅰ.①法… Ⅱ.①曹…②杨… Ⅲ.①法语—语言
读物 Ⅳ.①H329.4

中国国家版本馆 CIP 数据核字（2024）第 006912 号

法语经典课文选读（初级上）
主　　编　曹德明
分册主编　杨　姗
责任编辑　黄晓楚　吴梦菡
装帧设计　胡　枫
插　　图　猫井Luna

上海译文出版社有限公司出版、发行
网址：www.yiwen.com.cn
201101　上海市闵行区号景路159弄B座
上海景条印刷有限公司印刷

开本787×1092　1/16　印张7.5　字数215,000
2024年1月第1版　2024年1月第1次印刷
印数：0,001-5,000册

ISBN 978-7-5327-9482-9/H·1591
定价：48.00元

本书专有出版权为本社独家所有，非经本社同意不得转载、摘编或复制
如有质量问题，请与承印厂质量科联系。T：021-59815621

ISBN 978-7-88841-484-6
9 787888 414846 >

世界经典阅读

编写委员会

（按姓氏笔画顺序排列）

古雯鋆	庄智象	陆经生	陈旦娜
金基石	郑体武	赵新建	徐亦行
高　洁	曹德明	蔡伟良	谭晶华
魏育青			

微信扫码
听课文朗读音频

一套优秀经典的阅读教材对外语学习者至关重要，每一位学习者都会从中获益匪浅，因为好的阅读教材不仅可以提供学习范本和语言使用规范，还可以通过课本传递丰富的文化知识，有助于学习者打好外语基础，充盈知识结构，拓展视野，深入了解语言对象国的历史文化、政治外交以及经济社会的发展特点，更好地运用外语向世界讲好中国故事，传播好中国声音。

法语是一门语法结构严谨、语言表达规范、具有重要国际影响力的语言。我们以培养学生的法语学科核心素养、提高学生准确运用语言能力为目的，从国外优秀法语教材和文学作品中精心挑选内容积极健康、语言生动有趣、表达准确规范的真实语料，编写了这套《法语经典课文选读》。教材所选语篇内容丰富，涵盖了语言与文学、文明与历史文化、建筑与艺术、教育与学校生活、假期与节日文化、家庭与美食烹饪、娱乐与旅游体验、工业发展与环境保护、经济社会与新闻媒体、医疗健康与科学技术等主题语境，以单元整合的方式帮助学生多视角了解法语世界，学习和欣赏每一个主题的优美法语表达。

本套阅读教材注重通识性、基础性和广泛使用性，目标读者群包括法语初学者、修学公共法语的学生和法语专业的学生，兼顾了专业性和普及性。教材分为初级、中级和高级三个等级，每个等级设有上、下两册。每册教材由若干单元构成，每个单元围绕同一主题有多篇经典课文，从不同角度展开描述。每册教材共有 40 篇课文，数量远多于一个学期的教学周，这就给教师提供了足够的选择余地。我们在教材编写时充分考虑到了中国学生学习法语时遇到的阅读理解问题和用法语规范流畅表达的困难，精心设计每篇课文的阅读活动和阅读任务，包括：

文前导读（À propos du texte）：用简练的文字为使用者介绍课文特点、作者背景和课文的语言风格；

课文（Le texte）：精心挑选的优秀法语教材和文学作品选段，语料真实地道、内容积极健康、语言生动有趣、表达准确规范；

旁注（Vocabulaire）：对课文中出现的生词和特殊表达进行解释，帮助读者随时解决阅读过程中的理解问题；

文后注释（Notes）：解释课文中的难句或提供文化背景知识，帮助学习者更好理解文本并丰富文化知识；

课文理解（Compréhension du texte）：围绕课文内容设计了若干练习题，帮助学生提高阅读理解能力和拓展思维。

综上所述，本套教材选材精到，所有课文均遴选自世界各国的优秀法语教材和文学作品，语料真实、语言经典、主题丰富、可读性强。不论是精读、泛读还是背诵，都有助于读者拓展词汇量，规范、丰富法语表达和提高学习法语的兴趣及审美情趣，收到事半功倍的效果。在外语学习者阅读量普遍不足、阅读兴趣不高和法语经典读物不多的今天，相信这套《法语经典课文选读》能帮助学习者提升阅读能力和语言水平，帮助阅读课教师提高教学质量，更好引导学生走进文本，运用适当的阅读方法去欣赏名篇和各种优美时文，让他们对各种文学体裁均有所涉猎，对文字和文字背后的文化产生共鸣，提升法语应用能力。并通过阅读经典有效掌握基本的语文学习技能，提升和拓展思维的高度与宽度，在积累语言表达形式的同时，养成高质量表达的习惯。

曹德明

2023年2月20日

Sommaire 目录

UNITÉ 1

· · · · · · · · ·

À l'école

在学校

··· À propos du texte ···········

　　本文选自法国儿童文学作家迪迪埃·迪弗雷纳（Didier Dufresne）的《学校里的小动物》（*Des petites bêtes à l'école*）一书。故事中，杜贝雷（Dubéret）先生的班里来了一些新成员，原本平静的学习生活被打乱了，甚至还出现了一些"令人惊讶"的事情。阅读本文时应注意积累有关学校里的人、物品及动物名称的词汇。

··· Le texte ···························

　　Tout a commencé quand, par un beau jour d'automne, Léa a apporté deux poissons rouges à l'école. Monsieur Dubéret l'a félicitée : « Très bonne idée, Léa. La classe sera plus gaie. »

　　Puis il a installé le bocal sur une table, au fond de la salle.

　　Alors tout le monde a voulu en faire autant…

　　Le lendemains, Arani a apporté deux souris, Jiro une douzaine d'escargots… Et tous les jours, de nouveaux animaux sont arrivés.

　　Maintenant, monsieur Dubéret ne félicite plus, il entasse. C'est qu'il commence à manquer de place ! Les chenilles habitent dans la boîte de craies. Les escargots bavent sur les étagères.

　　Et monsieur Dubéret sursaute toujours quand il trouve une grenouille dans sa poche !

félicter : *v.t.* 赞扬

gai, e : *adj.* 令人愉快的

bocal : *n.m.* 广口瓶

en faire autant : 同样做

entasser : *v.t.* 堆积

manquer de : 缺少

chenille : *n.f.* 毛毛虫

craie : *n.f.* 粉笔

baver : *v.i.* (蜗牛) 分泌粘液

sursauter : *v.i.* 惊跳

grenouille : *n.f.* 青蛙

1 Où se passe cette histoire et qui est Monsieur Dubéret ?

_____

_____

2 Qui a apporté quoi ? Reliez les propositions qui conviennent.

1) Léa a apporté   •

•   a) deux souris

2) Arani a apporté   •

•   b) des escargots

3) Jiro a apporté   •

•   c) deux poissons rouges

3 Monsieur Dubéret a un problème, lequel ?

_____

_____

Texte 2 — La nouvelle

··· À propos du texte ··········

本文选编自法国儿童文学作家穆里尔·古特勒本（Muriel Gutleben）的《失踪》（*La disparition*）一书。新学期开始了，班里来了一位新同学，大家对她十分好奇。这位同学看上去有些特别，她给"我"留下了深刻的印象。阅读本文时应注意故事人物的描写方法。

··· Le texte ··········

Elle est arrivée le jour de la rentrée, le 5 septembre. Tout le monde la regardait, parce que dans la classe on est ensemble depuis l'école primaire, alors, évidemment, l'arrivée d'un nouveau ou d'une nouvelle, c'est un événement. Les premiers jours, nous ne lui avons rien dit et elle n'a parlé à personne. Mais moi, je l'ai trouvée très jolie.[1] Elle ne ressemble à aucune des filles que je connais.[2] Elle n'est pas très grande, elle est toute mince, elle a la peau brune et de très grands yeux clairs remplis de lumière. Mais ce qui est extraordinaire, ce sont ses cheveux ! On dirait qu'elle ne les a jamais coupés, et ils forment au tour de son visage comme une couronne de boucles noires. J'aime aussi beaucoup sa voix, une voix un peu grave. Mais sa voix, on ne l'a pas beaucoup entendue.

---

rentrée : *n.f.* 返校

école primaire : 小学

évidemment : *adv.* 显然

événement : *n.m.* 大事

ressembler : *v.t.indir.* (+ à)
  和…相像

rempli, e : *adj.* 充满…的

lumière : *n.f.* 光亮

On dirait que… : 简直
  像是…

couronne : *n.f.* 皇冠

boucle : *n.f.* 环

grave : *adj.* 低沉的

1 je l'ai trouvée très jolie : 我认为她十分漂亮。trouver qn/qch. + adj. 表示"觉得某物 / 某人如何"，形容词需与被修饰的 qn/qch. 性数一致。

2 Elle ne ressemble à aucune des filles que je connais : 她和我认识的任何女孩都不像。**que je connais** 为关系从句，用来限定先行词 **filles**，相当于英语的定语从句。**que** 是关系代词，在关系从句中作直接宾语。

··· **Compréhension du texte** ···

1 Qui est le « je » dans le texte ? et « elle », c'est qui ?

_____

_____

2 Quels sont les traits physiques de cette nouvelle ? (Plusieurs choix possibles)
(　　)

A) Elle est très grande.　　　　　　B) Elle est ronde.
C) Elle a les yeux bleus.　　　　　　D) Elle a les cheveux longs.
E) Elle a une voix grave.

3 Quelle impression avez-vous de cette nouvelle ?

_____

_____

Texte 3 ──── ⟨ **Un carnet « Top secret »** ⟩ ────

···· À propos du texte ········

本文选编自《爱打小报告的尼克》（*Nico, Rapporteur !*）一书，作者是法国的少年儿童文学作家休伯特·本·克姆（Hubert Ben Kemoun）。有一天，尼克（Nico）的阿姨送给她一本笔记本，封面上写着"绝密"。尼克到底想在这本笔记本上写什么内容呢？阅读本文时要注意直接引语与插入语的表达方式。

···· Le texte ··················

Ma tante Simone m'a offert ce carnet en disant :

– Nico, tu pourras y écrire tout ce que tu veux ! Tout !

C'était un joli carnet, il avait une couverture en cuir. Dessus, était gravé : ***Top secret***.

Le lendemain, devant la cantine, j'ai sorti le carnet de mon cartable pour le montrer à Farid.

– Il est beau, mais qu'est-ce que tu vas en faire ? m'a-t-il demandé.

– Écrire des secrets importants, des choses spéciales !

– Tu as des secrets que je ne connais pas ?[1] a-t-il fait, un peu inquiet.

– Non, mais ma tante a dit que je pouvais écrire dans ce carnet absolument tout ce que je voulais !

– Ben pour l'instant, il est vide ! a souri Farid.

---

offrir : *v.t.* 赠送

en disant : 并同时说，disant 是 dire 的现在分词形式

tout ce que tu veux : 所有你想（写）的东西

couverture : *n.f.* 封面

cuir : *n.m.* 皮革

graver : *v.t.* 镌刻

cantine : *n.f.* 食堂

cartable : *n.m.* 书包

absolument : *adv.* 绝对地

Sur la première page, j'ai d'abord écrit mon nom et mon adresse.

– C'est pas très spécial, comme secret… a fait Farid.

Sur les deux pages suivants, j'ai fait des essais de signature.

– Nico, c'est un carnet « Top secret », pas un cahier de brouillon ! Si c'est tout ce que tu trouves à écrire, c'est nul ![2]

Alors avec mes feutres, j'ai écrit : J'aime Alice.

essai : *n.m.* 尝试

signature : *n.f.* 签名

brouillon : *n.m.* 草稿

feutre : *n.m.* 毡笔

Notes

1 Tu as des secrets que je ne connais pas : 你有我不知道的秘密吗？ que je ne connais pas 是关系从句，用来限定先行词 secrets。que 是关系代词，指代先行词 secrets，在关系从句中作直接宾语。

2 Si c'est tout ce que tu trouves à écrire, c'est nul : 如果这就是你所有想写的东西，就太没意思了！

Compréhension du texte

1 La tante Simone a offert un cahier à Nico, elle lui a demandé d'… (   )

A) y écrire tout ce qu'il voit chaque jour.

B) y écrire tous ses secrets, pas d'autres choses.

C) y écrire tout ce qu'il veut.

2 Pourquoi Farid était un peu inquiet ?

_____

_____

_____

3 Qui est Alice ?

_____

_____

Texte 4 · Une drôle d'équipe

···· À propos du texte ····

> 该文选编自法国儿童文学作家尼古拉·热里耶（Nicolas Gerrier）的《梅林的魔法》
> （*Le sortilège de Merlin*）一书。新学期开学之际，布列塔尼（Bretagne）大区圣埃克絮
> 佩里（Saint-Exupéry）中学的学生组织了一场越野赛。这场比赛都有谁参加？比赛有什么
> 特别的地方？……阅读时注意把握较长的句子所表达的信息。

···· Le texte ····

Nous sommes le mardi 6 septembre 2016. Il est neuf heures et demie du matin. Les élèves de la seconde A du lycée Saint-Exupéry[1] sont réunis dans la forêt de Paimpont[2], en Bretagne[3], à trente kilomètres à l'ouest de la ville de Rennes[4]. C'est le jour de la rentrée des classes et ils participent à la traditionnelle course-randonnée de leur classe.

Ce sont les professeurs de français, M. Le Goff, et d'EPS, Mme Cloarec, qui l'organisent chaque année. Tous les deux sont passionnés par les légendes bretonnes.

Le professeur de français a collé pour l'occasion une fausse barbe blanche sur son menton, posé un grand chapeau

la seconde : 法国高中第
　一年
course-randonnée : *n.f.*
越野赛
EPS : Éducation Physique
et Sportive 体育
passionné, e : *adj.* 热衷
　于…的
légende : *n.f.* 传奇故事
breton, ne : *adj.* 布列塔
　尼的
coller : *v.t.* 贴
menton : *n.m.* 下巴

pointu sur sa tête et enfilé un long manteau noir. Il ressemble au célèbre magicien Merlin[5]. Mme Cloarec, elle, n'est pas déguisée et porte sa tenue de sport habituelle.

Les adolescents forment un cercle autour de leurs professeurs et écoutent les explications. Le principe de la course est simple : il y a sept équipes de quatre élèves. Le but est d'arriver en premier au Château de Comper[6], situé à environ une heure trente de marche.

pointu, e : *adj.* 尖的	
enfiler : *v.t.* 穿	
magicien, ne : *n.* 魔法师	
déguisé, e : *adj.* 化装的	
tenue : *n.f.* 服装	
château : *n.m.* 城堡	

···· Notes ····

1 **Saint-Exupéry** : 圣埃克絮佩里（1900—1944），法国著名作家、飞行员，代表作有《小王子》《人类的大地》《夜航》等，此处指以其名字命名的学校。

2 **la forêt de Paimpont** : 潘蓬森林，位于法国布列塔尼大区伊勒-维莱讷省（**Ille-et-Vilaine**）的潘蓬（**Paimpont**）村周围的温带森林。该森林的名字时常出现在欧洲的神话传说中。

3 **Bretagne** : 布列塔尼大区，位于法国西北部。

4 **Rennes** : 雷恩市，布列塔尼大区的首府。

5 **Merlin** : 梅林，亚瑟王传奇故事中的魔法师和先知，居住在潘蓬森林中。

6 **Château de Comper** : 康铂城堡，也被称为"湖仙城堡"，是布列塔尼大区传说故事中经常出现的一个地点。

···· Compréhension du texte ····

1 Répondez par vrai ou faux.

1) Les élèves du lycée Saint-Exupéry sont tous réunis dans la forêt de Paimpont. (   )
2) Des professeurs ont aussi participé à la course-randonnée. (   )
3) Il n'y avait que le professeur de français qui a déguisé ce jour-là. (   )
4) Pour gagner la course, les groupes doivent arriver en premier au château de la Ballue. (   )

2 Qu'est-ce qui est utilisé par le professeur pour se déguiser en Merlin ? (Plusieurs choix possibles) (   )

A)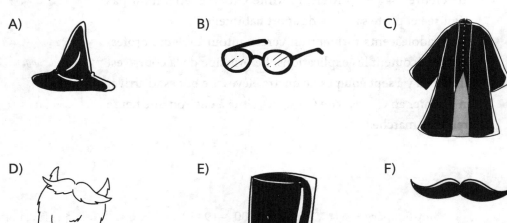

B)

C)

D)

E)

F)

3 Remplissez les blancs avec les chiffres selon le texte.

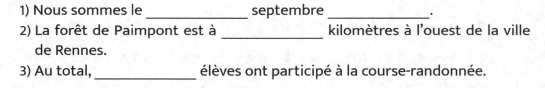

1) Nous sommes le _____ septembre _____.

2) La forêt de Paimpont est à _____ kilomètres à l'ouest de la ville de Rennes.

3) Au total, _____ élèves ont participé à la course-randonnée.

UNITÉ 2

Vies de famille
家庭生活

• Le bonheur de la vie de famille •

···· À propos du texte ····· ·········

什么是幸福的生活？跟自己的亲人生活在一起当然是很幸福的。当一大家子人住在一起，生活又是怎样的呢？请读一读文中讲述的这个家庭情况，看看都有哪些成员，他们的日常生活都是什么状态。

···· Le texte ····· ·········

Chaque matin, mon fils Jacques se réveille en premier et prend son petit-déjeuner à sept heures. Pour l'instant, la maison est encore calme. Puis, mon mari, Edgar, se lève. Dès qu'il entre dans la cuisine, il allume la radio parce qu'il aime écouter les actualités. Mais Jacques n'est pas d'accord. Il préfère boire son café et lire le journal dans le calme et la tranquillité. Alors, la dispute quotidienne entre le père et le fils commence.

Au premier étage, on peut entendre ma belle-fille – la femme de Jacques – crier après ses deux enfants, Félix et Jeannette, parce qu'ils vont être en retard s'ils ne se lèvent pas tout de suite.

Ensuite mon second fils Robert, qui est au chômage, sort de sa chambre très en colère car il y a trop de bruit et il ne

se réveiller :	*v.pr.* 醒来
actualités :	*n.f.pl.* 新闻
tranquillité :	*n.f.* 安静
dispute :	*n.f.* 争吵
quotidien, ne :	*adj.* 每天的，日常的
chômage :	*n.m.* 失业

peut pas faire la grasse matinée. Donc, il prend ses cigarettes et quitte la maison avec notre chien Snoby.

Eh bien moi, pendant ce temps, je prends ma tasse de thé et je m'installe dans le salon pour regarder la télé ; mais, parfois, il y a tellement de bruit dans cette maison que je suis obligée de monter le volume au maximum. Vous savez, à mon âge, on n'entend plus très bien !

faire la grasse matinée : 睡懒觉
cigarette : *n.f.* 香烟
obliger : *v.t.* 强迫
volume : *n.m.* 音量
maximum : *n.m.* 最大量

··· **Compréhension du texte** ···

1 Qui raconte l'histoire ? (   )

    A) la tante   B) la grand-mère   C) la voisine   D) la cousine

2 Robert est... (   )

    A) le cousin de Félix et Jeannette.
    B) leur père.
    C) leur oncle.
    D) le beau-frère d'Edgar.

3 La grand-mère monte le volume du son de la télé car... (   )

    A) elle est folle et ne voit plus très bien.
    B) elle est sourde et il y a trop de bruit.
    C) elle n'arrive pas à dormir.
    D) c'est son programme de télévision préféré.

Texte 2 ── La routine de Patrick

À propos du texte

本文的主人公名叫帕特里克（Patrick），是一位普通的房产中介。他是如何平衡工作与家庭生活的呢？文中介绍了他的日常生活轨迹。阅读时注意一些通俗用语，这些也是法文中经常使用的词汇。

Le texte

Bonjour ! Je m'appelle Patrick et j'habite à Nantes.

Je suis agent immobilier, je travaille dans un bureau mais je me déplace souvent pour faire des visites de biens. Je travaille à mon compte : je ne suis pas salarié.

Vous voulez savoir quelle est ma journée type ? C'est bien simple, je me lève assez tôt en général, vers 6 heures du mat. Je prends un bon café bien serré et un petit déjeuner classique, avec tartines, beurre et confiture. Je regarde parfois la télé, je surfe sur internet, ou bien je regarde des vidéos sur mon smartphone. Si mon épouse est réveillée, on mange ensemble et on discute. Mes enfants se lèvent vers 7h 15. En général, je vais emmener les enfants à l'école vers 8h, puis je vais directement à mon agence.

immobilier, ère :	*adj.* 不动产的
se déplacer :	*v.pr.* 出行
biens :	*n.pl.* 财产
à mon compte :	自己干
salarié, e :	*n.* 领取工资者
type :	*n.m.* 典型
mat :	早晨，matin的缩写
serré, e :	*adj.* 浓的
surfer :	*v.i.* 上网冲浪
époux, se :	*n.* 配偶

Je travaille jusqu'à midi environ puis je déjeune. Il m'arrive d'aller au restaurant avec un client, mais en général je rentre pour prendre mon repas avec ma femme. Après, je retourne au boulot et je bosse jusqu'en fin de journée, vers 17h ou 18h, parfois plus tard. Le soir, je passe du temps avec mes enfants : je les aide pour les devoirs et parfois on se balade sur la Loire ou on joue à des jeux vidéo. Je les amène au sport plusieurs fois par semaine, parce qu'ils sont inscrits au judo et au football.

J'essaye de bien gérer mon temps pour gagner assez d'argent, mais ce n'est pas facile avec la crise ! Les affaires ne marchent pas toujours bien, mais pour l'instant ça va, on vit correctement.

Pourvu que ça dure !

boulot : *n.m.* 活计，工作
bosser : *v.i.* 工作，
　　travailler的俗语
se balader : *v.pr.* 溜达
inscrit, e : *adj.* 已报名的
judo : *n.m.* 柔道
gérer : *v.t.* 管理
crise : *n.f.* 危机

pourvu que : 但愿

Compréhension du texte

1 Quel est le métier de Patrick ? Est-ce qu'il a des enfants ?

_____

_____

2 Avec qui mange-t-il à midi ?

_____

_____

_____

3 Est-ce que Patrick est pauvre ?

_____

_____

_____

Texte 3 ———————————— Maman

··· À propos du texte ·········

本文选编自法国小说家夏尔－路易·菲利普（Charles-Louis Philippe）于1900年创作的《母亲与孩子》（*La Mère et l'enfant*）一书。本文用十分简明的词汇描写了母子间的日常深情，文笔非常细腻，读起来也有诗一般的意境，体现了作者高超的语言水平。

··· Le texte ·········

Quand tu viens m'éveiller, j'entends tes pas sur les marches de l'escalier. Tu ouvres la porte, c'est maman qui vient avec du courage et de la bonté. Tu m'embrasses, et je passe les bras autour de ton cou et je t'embrasse. Tu es une bonne divinité qui chasse la paresse. Tu entrouvres la fenêtre et l'air et le soleil c'est toi, et tu es encore le matin et le travail. Tu es ici, à la source de mes actions, et tes gestes me donnent mes premières pensées et ta tendresse me donne mon premier bonheur.

Je te vois, maman. Je te vois avec tes yeux de ménagère qui ne regardent pas plus loin que la maison.[1] Je te vois avec tes joues tendres où mes baisers s'enfoncent.[2] Je vois tes mains un peu rugueuses que la vie a frottées avec tous ses travaux.[3]

Maman, lorsque tu es assise à la fenêtre, tu couds et tu penses. Je sais bien à quoi tu penses…

Tu penses à moi.

pas : *n.m.* 步子	
marche : *n.f.* 台阶	
divinité : *n.f.* 神	
chasser : *v.t.* 驱赶	
paresse : *n.f.* 懒惰	
entrouvrir : *v.t.* 微微拉开	
tendresse : *n.f.* 温柔	
baiser : *n.m.* 亲吻	
s'enfoncer : *v.pr.* 陷入	
rugueux, se : *adj.* 粗糙的	
frotter : *v.t.* 摩擦	
coudre : *v.t.* 缝	

1 Je te vois avec tes yeux de ménagère qui ne regardent pas plus loin que la maison : 我看到你作为家庭主妇的双眼，目光所及只是房子里的一切。该句是一个主从复合句，**qui ne regardent pas plus loin que la maison** 是关系从句，**qui** 是关系代词，指代先行词 **tes yeux de ménagère**，在从句中充当主语。

2 Je te vois avec tes joues tendres où mes baisers s'enfoncent : 我看到你温柔的脸庞上深深地印着我的吻。该句是一个主从复合句，**où mes baisers s'enfoncent** 是关系从句，**où** 是关系代词，在从句中充当地点状语。

3 Je vois tes mains un peu rugueuses que la vie a frottées avec tous ses travaux : 我看到你略显粗糙的双手，那是被生活的重担打磨所致。该句是一个主从复合句，**que la vie a frottées avec tous ses travaux** 是关系从句，**que** 是关系代词，指代先行词 **mains un peu rugueuses**，在从句中充当动词 **frotter** 的宾语。

···· Compréhension du texte ›····

1 Qu'est-ce qui se passe entre la mère et l'enfant au petit matin ?

_____

_____

_____

2 Quelles sont les qualités de la mère ?

_____

3 Que veut dire l'auteur par cette phrase : « Je te vois avec tes yeux de ménagère qui ne regardent pas plus loin que la maison » ? (   )

A) La mère a une mauvaise vue, elle ne peut pas voir très loin.
B) La mère se consacre entièrement à s'occuper de la famille.
C) La mère est très attentive à observer la maison.

À propos du texte

本文选自法国少年儿童文学作家科莱特·维维耶（Colette Vivier）的小说《小小幸福的家》（ *La maison des petits bonheurs* ），这部作品获得了1939年的青年文学奖（Le Prix Jeunesse）。文中讲述了在一个风雨交加的日子里，全家人都在屋子里，孩子们之间的趣事让屋里充满了幸福的气息。

Le texte

Quel temps ! Toute la nuit, il a plu, et le vent soufflait si fort que la fenêtre de notre chambre, qui ferme mal, remuait tant qu'elle pouvait.[1] Pour comble de malheur, la cheminée de la salle à manger s'est éteinte ; maman a été obligée de la rallumer, et elle n'y arrivait pas ! Je lui ai bien offert de l'aider, mais elle m'a répondu comme à chaque fois : « Reste donc tranquille, Aline ! », et elle nous a donné notre petit déjeuner au lit, pour que nous ne prenions pas froid.

J'aime ça, moi, faire la grasse matinée ! Rudy est venu nous rejoindre, ma sœur et moi, avec son oreiller et son album de Mickey. Il s'est mis au bout du lit, mais Estelle faisait exprès d'étendre ses pieds très loin pour qu'il ne puisse pas s'asseoir.

souffler : *v.i.* 吹，刮
remuer : *v.t.* 摇动
tant que : *loc.conj.* 只要
pour comble de malheur :
　更糟糕的是
s'éteindre : *v.pr.* 熄灭

oreiller : *n.m.* 枕头
album : *n.m.* 画册
exprès : *adv.* 故意地
étendre : *v.t.* 伸开
pour que : 为了，后面从
　句用虚拟式

Elle lui en veut et voici pourquoi…

C'est parce qu'hier, papa a rencontré M. Novembre, le professeur de Rudy, et M. Novembre lui a dit que Rudy l'avait bien fait rire. Il lui avait demandé en calcul (ils en sont à la division) : « Tu as huit cerises et tu les partages avec ta sœur. Combien t'en reste-t-il pour toi ? »

Rudy a réfléchi. « Ça dépend : si c'est avec Aline, j'arriverai bien à en garder six ; mais si c'est avec Estelle, elle ne m'en laissera sans doute pas plus de deux ! » Papa a raconté cela à maman, pendant le dîner, et on a tous ri sauf Estelle qui était furieuse. « Je reconnais que c'est vexant pour toi, lui a dit maman, mais cela t'apprendra, ma petite, à être plus gentille avec ton frère ! »

> en vouloir à : 抱怨（某人）
>
> division : *n.f.* 除法
>
> furieux, se : *adj.* 狂怒的
> vexant, e : *adj.* 使人恼火的

···· Note ··································

1 le vent soufflait si fort que la fenêtre de notre chambre, qui ferme mal, remuait tant qu'elle pouvait : 风吹得很猛，我们卧室的窗户没有关好，正肆意地摇晃着。si…que… 表示"如此… 以至于…"。qui ferme mal 为关系从句，补充说明先行词 la fenêtre de notre chambre。tant que … 表示"只要"。

···· Compréhension du texte ···· ···

1 Cette famille est composée de _____ personnes. (   )

A) cinq   B) quatre   C) six

2 La nuit a été… (   )

A) chaude et orageuse.
B) pluvieuse et venteuse.
C) claire et étoilée.

3 Tout le monde a bien ri de l'histoire, sauf… (   )

A) maman.   B) Aline.   C) Estelle.

UNITÉ 3

· ·

Vivent les fêtes !

节日万岁!

···· À propos du texte ············

在西方，圣诞节是一年中最盛大的节日。人们在圣诞节互赠礼物，阖家团聚举行欢宴，并有圣诞老人、圣诞树等元素增添节日气氛。孩子们尤其喜欢过圣诞节，每年都会期盼着圣诞老人来给自己送礼物。文中的三个孩子都有自己的圣诞愿望，他们是如何度过这个快乐的节日呢？

···· Le texte ············

C'est la veille de Noël, il gèle, les étoiles brillent au ciel. Dans la rue où flottent des odeurs de cuisine et de pâtisserie, les maisons restent éclairées. Les cloches sonnent la messe de minuit.

Pierre, Jaques et Annie, trop jeunes pour assister au réveillon, ont écrit au Père Noël avant de se coucher pour lui demander le jouet qu'ils préfèrent : Pierre désire un ballon, Jacques, une trottinette et Annie une tenue d'infirmière.

Le matin de Noël, les enfants, aussitôt réveillés, se précipiteront vers la cheminée devant laquelle ils ont aligné leurs chaussures.[1] Quels cris joyeux ils pousseront lorsque les jouets tant désirés apparaîtront à leurs yeux émerveillés !

veille : *n.f.* 前夜	
flotter : *v.i.* 飘浮	
pâtisserie : *n.f.* 糕点铺	
éclairé, e : *adj.* 照亮了的	
messe : *n.f.* 弥撒	
réveillon : *n.m.* (圣诞节前夜的) 聚餐	
trottinette : *n.f.* 滑板车	
une tenue d'infirmière : 一套护士服	
aligner : *v.t.* 排成行	
tant : *adv.* 那么地	
émerveillé, e : *adj.* 惊奇的	

1 (Les enfant) se précipiteront vers la cheminée devant laquelle ils ont aligné leurs chaus-sures : 孩子们快速冲向壁炉，他们早就在壁炉前面把自己的鞋子摆整齐了。本句中 devant laquelle ils ont aligné leurs chaussures 是关系从句，补充说明先行词 cheminée 周围的情况。

···· Compréhension du texte ····

1 Pourquoi les enfants n'assistent-ils pas au réveillon ?

_____

_____

2 Rappelez ce que chacun d'eux demande au Père Noël.

1) Pierre   a) une trottinette

2) Jacques   b) une tenue d'infirmière

3) Annie   c) un ballon

3 Qu'arrive-t-il le matin de Noël ?

_____

_____

Texte 2 ——— • Un rendez-vous mystérieux •———

本文选自法国女作家萨拉·科恩-斯加丽（Sarah Cohen-Scali）《圣诞节的噩梦》（Gauchemar à Noël）一书。每当圣诞节到来之际，小朋友们都热切地等待圣诞老人来送礼物，但是谁也不知道圣诞老人会在什么时候来到自己的家。今年的圣诞节即将到来，托马（Thomas）首先收到了一封特殊的邀请信。

···· Le texte ····

Cher Thomas,

Tu sais à quel point tu fais partie de mes favoris, de mes préférés, bref, de mes chouchous. Aujourd'hui, enfin, et j'attends ce moment depuis près de trois ans, j'ai la possibilité de te donner la priorité. Tu vas être le premier à choisir. Tu pourras emporter tout ce qui te plaira, sans réserve !

Seulement, je dois me montrer discret par rapport aux autres, tu le comprendras aisément. Personne ne doit savoir que je te favorise ainsi. C'est une opération top-secret ! Donc, ne le dis à personne, et viens tout seul, bien évidemment.

Tu comprendras aussi qu'étant surchargé de travail dans la nuit du 24 au 25 décembre, je suis obligé de te fixer un rendez-vous anticipé ![1]

à quel point : 多么地	
chouchou, te : n. 宝贝，宠儿	
priorité : n.f. 优先权	
réserve : n.f. 保留	
se montrer : v.pr. 表现得	
aisément : adv. 容易地	
favoriser : v.t. 优待	
opération : n.f. 行动	
surchargé, e : adj.（工作）负担过重的	
anticipé, e : adj. 提前的	

Je t'attendrai donc le 24 à 12 heures précises, au 18 rue Lamarck, rez-de chaussée, gauche. Si tu n'es pas là à douze heures quinze, je me verrai obligé de garder mon petit trésor. Ou d'en faire profiter un autre.

Bien tendrement,

Le Père Noël

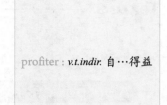

profiter : *v.t.indir.* 自…得益

···· Note ··

1 Tu comprendras aussi qu'étant surchargé de travail dans la nuit du 24 au 25 décembre, je suis obligé de te fixer un rendez-vous anticipé : 你要明白，因为 12 月 24 日晚到 25 日我将非常忙碌，所以我必须得和你提前确定我们的约会。**étant** 是 **être** 的现在分词形式，此处现在分词句 **étant surchargé de travail** … 相当于表示原因的状语从句。

···· Compréhension du texte ····

1 Qui envoie ce message ? À qui est-il destiné ?

_____

2 « Tu vas être le premier à choisir ». Que pourra choisir Thomas ?

_____

_____

_____

3 « Tu le comprendra aisément ». Choisissez le mot qui a le même sens que le mot souligné. (   )

A) discrètement   B) facilement   C) agilement   D) difficilement

À propos du texte

> 每年3月8日，世界上许多国家都会庆祝国际妇女节，表彰女性在经济、政治和社会等领域做出的重要贡献和取得的巨大成就。虽然当今女性的社会地位已经得到了显著提高，但男女平等并未真正实现，每年的妇女节也是审视全世界妇女现实境况的重要契机。

Le texte

Journée de la femme

Mardi 8 mars, c'était la Journée Internationale de la Femme. Une journée consacrée aux femmes du monde entier, pour rendre hommage à leur lutte, à leur talent et à leur travail, mais aussi pour ne pas oublier que l'égalité entre l'homme et la femme est encore loin.

Depuis la première Journée de la femme en 1910, le destin des femmes dans le monde a beaucoup évolué. En France, le droit des femmes a évolué tout au long du XXᵉ siècle : elles ont obtenu le droit de vote en 1945 et il y a de plus en plus de femmes en politique et dans la direction des grandes entreprises. Malheureusement, ces avances ne se sont pas faites naturellement : pour parvenir à la parité entre hommes et femmes en politique et à l'égalité des salaires, des lois spécifiques ont été nécessaires.

---

consacrer : *v.t.* 把…献给

rendre hommage à : 向…表示敬意

lutte : *n.f.* 斗争

talent : *n.m.* 才干

destin : *n.m.* 命运

évoluer : *v.i.* 发展，变化

vote : *n.m.* 选举

avance : *n.f.* 前进

naturellement : *adv.* 自然而然地

parvenir : *v.t.indir.* 达到

parité : *n.f.* 平等

Malgré ces avancées, des inégalités persistent dans la France d'aujourd'hui. Les femmes sont toujours responsables de la majorité des tâches ménagères. Elles occupent généralement des postes moins bien payés que les hommes. Et pour un même travail, elles touchent un salaire inférieur à celui des hommes. La situation de la femme dans le monde est pire encore. On calcule qu'une femme sur deux est victime de mauvais traitements.

Chaque année, la journée internationale de la femme est l'occasion de faire un bilan sur la situation des femmes.

avancée : *n.f.* 进展
persister : *v.i.* 持续
toucher : *v.t.* 领取
inférieur : *adj.* 低于…的
mauvais traitements :
虐待
bilan : *n.m.* 总结

··· **Compréhension du texte** ···

1 Répondez par vrai ou faux.

1) La première Journée Internationale de la Femme a été célébrée en 1945. ( )

2) Pour favoriser la parité entre hommes et femmes, des lois ont été nécessaires. ( )

2 Sur la situation de la femme en France d'aujourd'hui, laquelle de ces options suivantes n'est pas correcte ? ( )

A) Il y a plus de femmes que d'hommes dans la direction des grandes entreprises.

B) Les femmes sont toujours responsables de la majorité des tâches ménagères.

C) Pour un même travail, les femmes touchent un salaire inférieur à celui des hommes.

D) Les femmes occupent généralement des postes moins bien payés que les hommes.

3 Trouvez dans le texte un synonyme pour chacun de ces mots suivants.

1) combat _____   2) égalité _____

3) rémunération _____   4) demeurer _____

······⟨ À propos du texte ⟩··········

該篇是法國記者洛朗斯·米蓋（Laurence Muguet）寫的關於中國新年的文章，介紹了中國新年的大致情況和一些習俗特色。文章語言簡明輕快，呈現出歡快的節奏，也表達出作者面對異國風俗時驚喜的心情。

······⟨ Le texte ⟩··········

Tu as changé d'année au 1ᵉʳ janvier. Les Chinois aussi, mais ils ont une deuxième fête, très importante. C'est le Nouvel An chinois.

Selon les années, il tombe entre le 20 janvier et le 21 février. Et ça dure 15 jours !

Qu'est-ce qu'ils font, les Chinois, pour fêter le Nouvel An ? D'abord, ils attendent la nouvelle lune. Quand la nuit est noire et la lune invisible, les festivités commencent. Des Chinois du monde entier rentrent au pays fêter le Nouvel An. Chaque année correspond à un animal : la chèvre, le rat, le coq… Il y en a 12.

Avant le réveillon, c'est le grand ménage pendant 10 jours, pour chasser le passé et les mauvais esprits. Au réveillon, les Chinois se retrouvent en famille, pensent aux morts et aux vivants, mangent et veillent toute la nuit.

invisible : *adj.* 看不见的
festivité : *n.f.* 欢庆活动
chèvre : *n.f.* 山羊

veiller : *v.i.* 守夜

Une légende raconte qu'un monstre dévorait les gens, ce soir-là. Un monstre qui n'aimait ni le bruit, ni la lumière, ni le rouge. Alors, devine ! Les Chinois battent du tambour, font claquer pétards, ballons et feux d'artifice, et décorent la ville… de rouge !

Le lendemain, premier jour de l'année, les Chinois se souhaitent une vie heureuse, riche et longue, sur des papiers… rouges, évidemment. Après 15 jours de danses et de défilés, la pleine lune se lève. On allume des lampions partout et on mange des bons plats : bonne année !

dévorer : *v.t.* 吞食	
tambour : *n.m.* 鼓	
claquer : *v.i.* 发出噼啪声	
pétard : *n.m.* 爆竹	
feux d'artifice : 烟花	
décorer : *v.t.* 装饰	
défilé : *n.m.* 游行	
lampion : *n.m.* 彩色折纸 灯笼	

···〈 **Compréhension du texte** 〉···

1 Répondez par vrai ou faux.

1) La date du Nouvel An chinois ne change pas chaque année. (   )
2) Lors du Nouvel An, les chinois ont l'habitude de rentrer au pays natal. (   )
3) On ne fait pas de ménage pour la fête. (   )

2 « Les Chinois battent du tambour, font claquer pétards, ballons et feux d'artifice, et décorent la ville… de rouge ! » Pourquoi ?

_____

_____

3 Mettez en ordre les activités que font les Chinois pendent la fête du Nouvel An.

A) chacun allume sa lanterne
B) grand nettoyage de la maison
C) réunion en famille autour d'un dîner
D) visite aux proches et aux amis
E) tout le monde veille tard
F) explosion des pétards et lancement des feux d'artifice

UNITÉ 4

Histoire de France
法国历史

Texte 1 ⸺ ● ⟨ Charlemagne, empereur d'Occident ⟩ ● ⸺

查理大帝（Charlemagne, 742—814），查理曼帝国的建立者，西欧中世纪初期最强大的统治者，曾征服西欧大部分地区，在行政、司法、军事制度及经济生产等方面都有重大建树。他同时致力于发展文化教育事业，将文化重心从地中海希腊一带转移至欧洲莱茵河附近，将西欧引向了中世纪复兴。查理大帝被后世认为是欧洲历史上最重要的统治者之一，被称为"欧洲之父"。

···· Le texte ⟩··········

Le roi des Francs, Charlemagne a une grande et forte armée. Il fait la guerre aux peuples qui ne sont pas chrétiens. Charlemagne bat aussi les Saxons de Germanie et les Lombards d'Italie et il s'empare de leurs pays. Il possède alors de nombreux pays et il commande plusieurs peuples.

On appelle tous ces états l'Empire d'Occident.

Charlemagne gouverne tout son empire avec autorité et sagesse. Il surveille aussi ses fermes dont les terres sont très bien cultivées.[1]

Charlemagne aime les gens instruits et il a une école dans son palais. Il la visite souvent et félicite les élèves pauvres qui travaillent bien. Mais il gronde les mauvais élèves, qui sont souvent des fils de nobles, et leur dit : « Si vous ne travaillez pas mieux, vous n'aurez rien de Charles. »

Franc, que : *n.* 法兰克人

Saxon, ne : *n.* 撒克逊人
Germanie : *n.f.* 日耳曼尼亚
Lombard, e : *n.* 伦巴第人
s'emparer de : 夺取
commander : *v.t.* 统治
autorité : *n.f.* 权威
sagesse : *n.f.* 睿智
surveiller : *v.t.* 监管
instruit, e : *adj.* 受过教育的
gronder : *v.t.* 训斥

En l'an 800, le jour de Noël, Charlemagne est sacré Empereur d'Occident par le pape, dans la grande église de Rome. Tous ses guerriers l'acclament et crient : « Longue vie et gloire à l'Empereur Charles. »

> sacrer : *v.t.* 为…加冕，此处为被动态
> pape : *n.m.* 罗马教皇
> guerrier, ère : *n.* 战士
> acclamer : *v.t.* 欢呼

··· Note ····································

1 Il surveille aussi ses fermes dont les terres sont très bien cultivées : 他还监管自己的农场，使土地得到良好的耕作。该句是一个主从复合句，**dont** 为关系代词，先行词 **ses fermes** 是从句主语 **terres** 的补语。

··· Compréhension du texte ··· ···

1 Parmi les peuples suivants, lesquels ne sont pas les ennemies de Charlemagne ? (   )

A) Les peuples qui ne sont pas chrétiens.
B) Les Byzantins d'Italie.
C) Les Saxons de Germanie.
D) Les Lombards d'Italie.

2 Répondez par vrai ou faux.

1) L'Empire d'Occident possède une superficie extrêmement grande. (   )
2) Charlemagne cultive lui-même les terres pour donner exemple aux jeunes élèves. (   )
3) Les élèves issus de la noblesse travaillent mieux que les élèves pauvres. (   )

3 « Tous ses guerriers l'acclament et crient », choisissez le mot qui a le même sens que le mot souligné. (   )

A) applaudissent   B) apparaissent   C) avertissent

··· **À propos du texte** ··········

路易十四（Louis XIV, 1638—1715）被法国人民称为历史上最伟大的国王之一，号称"太阳王"，他把法国的绝对君主制度推到顶峰：国王集政治、经济、军事、宗教大权于一身。路易十四在位期间，法国的艺术、建筑、军队、文化等方面都得到很大发展，法国也因此成为当时欧洲最发达的国家。

··· **Le texte** ··········

Au début de son règne, Louis XIV se dit roi « de droit divin », c'est-à-dire par le choix de Dieu. Il considère qu'à ce titre, il doit avoir un pouvoir sans limite, un pouvoir absolu. S'estimant supérieur à tous, il prend le soleil comme emblème, d'où son surnom de « Roi-soleil ».

Louis XIV décide seul, mais il prend ses avis dans ses Conseils. Il est par ailleurs secondé par des ministres qu'il choisit en fonction de leur compétence.[1]

Louis XIV ne tolère aucune opposition. Il peut emprisonner qui il veut sans aucun jugement. Il lui suffit de signer un document appelé lettre de cachet. Pour surveiller les grands

règne : *n.m.* 统治期
divin, e : *adj.* 神的
s'estimer : *v.pr.* 自认为，此处是现在分词形式
emblème : *n.m.* 标志，象征
d'où : 从那里得来
Conseils : *n.m.* 议会
seconder : *v.t.* 辅助，此处为被动态
en fonction de : 根据
compétence : *n.f.* 能力
tolérer : *v.t.* 容许
emprisonner : *v.t.* 监禁
cachet : *n.m.* 封印
lettre de cachet : 秘密逮捕令

seigneurs, Louis XIV les attire à Versailles. Il les divertit par des fêtes, des bals, des pièces de théâtre. Il leur verse des pensions, des sommes d'argent régulières. Ainsi ils sont satisfaits et ils ne cherchent plus à se révolter.

Louis XIV verse aussi des pensions aux écrivains et aux artistes et il leur passe de nombreuses commandes, parce qu'il aime l'art et parce qu'il veut les mettre à son service. Il les fait entrer dans des académies. Toute publication demande l'accord du roi : les journaux et les livres ne peuvent pas paraître sans avoir obtenu son autorisation.

seigneur : *n.m.* 领主
Versailles : 凡尔赛宫
divertir : *v.t.* 使…得到娱乐
verser : *v.t.* 支付
pension : *n.f.* 补助金
se révolter : *v.pr.* 造反
commande : *n.f.* 订单
académie : *n.f.* 学院
autorisation : *n.f.* 准许

···· Note ·······················

1 Il est par ailleurs secondé par des ministres qu'il choisit en fonction de leur compétence :
他还会让部长们来辅助自己，这些部长都是他根据他们各自的能力挑选出来的。该句中 qu'il choisit en fonction de leur compétence 为关系从句，用于补充说明先行词 ministres。

···· Compréhension du texte ····

1 Pourquoi on dit que Louis XIV est un roi absolu ? Laquelle de ces propositions n'est pas correcte ? (   )

A) Il prend ses avis dans ses Conseils, et il décide seul.
B) Il peut emprisonner n'importe qui selon sa propre volonté.
C) Il surveille les grands seigneurs à Versailles.
D) Il discute avec ses ministres et suit leurs conseils.

2 Pourquoi le roi organise souvent des fêtes, des bals, des pièces de théâtre à Versailles ?

_____

_____

3 « Les journaux et les livres ne peuvent pas paraître sans avoir obtenu son autorisation. » Choisissez le mot qui a le même sens que le mot souligné. (   )

A) admiration   B) permission   C) promesse

Texte 3 —— • 1789, l'année de la Révolution française •

··· À propos du texte ··········

　　法国大革命是1789年发生的一场历史性的革命运动，又称法国资产阶级革命。资产阶级推翻了统治法国几百年的波旁王朝，君主专制制度也在民众的强烈意愿下土崩瓦解。本文介绍了大革命发生的时代背景及其带来的重要社会变革。

··· Le texte ··········

Depuis le Moyen-âge, les sujets du roi de France sont répartis en trois ordres :

- le Clergé, ceux qui prient
- la Noblesse, ceux qui combattent ou vivent à la Cour du roi
- le Tiers-État, ceux qui travaillent

Les nobles et les hommes d'Église ont beaucoup de privilèges. Ils ne sont pas soumis aux impôts payés par les travailleurs du Tiers-État alors qu'ils vivent dans de meilleures conditions.

sujet : *n.m.* 臣民
répartir : *v.t.* 把…分类
Clergé : *n.* 教士

Tiers-État : 第三等级
privilège : *n.m.* 特权
soumettre : *v.t.* 使服从
impôt : *n.m.* 税

Évidemment, ces inégalités créent un fort mécontentement des gens du Tiers-État qui se sentent écrasés par les deux autres ordres.[1]

Au printemps, le pain commence à manquer. Il est trop cher pour beaucoup de personnes à cause des mauvaises récoltes qui se sont succédées depuis 3 ans.[2] Partout en France, la colère du peuple gronde.

Le 14 juillet 1789, les Parisiens prennent la Bastille, symbole de l'injustice royale, afin d'obliger le roi à accepter la formation de l'Assemblée nationale. Dans cette assemblée, chaque député compte pour une voix, quel que soit l'ordre auquel il appartient.[3]

Les événements s'enchaînent ensuite rapidement :

• Le 4 août 1789, l'Assemblée nationale supprime tous les droits des seigneurs sur les paysans, c'est l'abolition des privilèges.

• Le 26 août 1789, l'Assemblée nationale vote la Déclaration des Droits de l'Homme et du Citoyen[4] qui proclame tous les hommes libres et égaux.

C'est la fin de la monarchie absolue.

écraser : v.t. 压垮

se succéder : v.pr. 接连发生
gronder : v.i. 酝酿
Assemblée nationale :
 国民议会
député : n.m. 议员
voix : n.f. (投票者的) 票
quel que soit : 无论哪个
appartenir : v.t.indir. 属于
s'enchaîner : v.pr. 相互连接
abolition : n.f. 废除

proclamer : v.t. 宣告

···· Notes ···

1 ces inégalités créent un fort mécontentement des gens du Tiers-Etat qui se sentent écrasés par les deux autres ordres : 这一系列的不平等使第三等级的人非常不满，他们觉得受到另外两个等级的压迫。该句中 qui se sentent écrasés par les deux autres ordres 为关系从句，补充说明先行词 les gens du Tiers-Etat。

2 Il est trop cher pour beaucoup de personnes à cause des mauvaises récoltes qui se sont succédées depuis 3 ans : 因为连续三年收成不好，（面包的）价格对于很多人来说已经太高了。qui se sont succédées depuis 3 ans 为关系从句，用来补充说明先行词 mauvaises récoltes。

3 Dans cette assemblée, chaque député compte pour une voix, quel que soit l'ordre auquel il appartient : 在国民议会中，每个议员都有一票，无论他属于哪个等级。

4 Déclaration des Droits de l'Homme et du Citoyen : 《人权和公民权宣言》，简称《人权宣言》，是法国大革命时期颁发的纲领性文件。

1 Pourquoi on dit qu'il y a des inégalités entre les trois ordres ?

_____

_____

_____

2 Pourquoi les Parisiens prennent la Bastille ?

_____

3 Que fait l'Assemblée nationale ?

_____

_____

_____

Texte 4 —— ◆ Lettre d'une épouse à son mari, soldat ◆ ——

··· À propos du texte ··········

该文是第一次世界大战期间，一位在法国图尔（Toul）的妻子写给丈夫的信。她的丈夫是一名士兵，身在前线。战争打破了人们平静的生活。这封信不仅传达了妻子对丈夫的担心和思念，也记录了战争发生后人们生活发生的改变。

··· Le texte ··············

Le 23 avril 1916, à Toul

Mon cher Albert,

J'ai bien reçu la lettre datant du 16 mars, et je m'excuse de ne pas y avoir répondu plus tôt. Ici, les beaux jours reviennent, les nuits deviennent plus courtes et plus claires, ce qui laisse moins de temps à mon inquiétude. J'essaie de m'occuper de la maison comme je le peux, même si l'ambiance y est pesante. Notre petite Louise se porte à merveille, et elle commence même à savoir lire. J'aimerais tant te voir à nos côtés, que tu puisses toi aussi partager ces moments. Tout continue de vivre malgré la guerre. Certaines femmes ont dû reprendre le travail de leur époux, à l'usine, afin que vous ayez le matériel nécessaire pour mener à bien vos combats.[1] Je ne fais heureusement pas partie de celles-ci. Il devient de plus en

dater : v.t. 注明日期，文中为现在分词形式

pesant, e : adj. 沉重的
se porter : v.pr. 处于…的健康状况
malgré : prép. 尽管
afin que : 为了
mener à bien : 完成好

plus compliqué de subvenir à nos besoins. Il faut également que je te dise que ton ami Henri a perdu un bras au front, et il est donc resté quelques semaines dans la salle des fractures de notre ville, en vain, il s'est fait amputer et reste parmi nous.

Je t'embrasse.

> subvenir : *v.t.indir.* (+ à)
> 供给
> fracture : *n.f.* 骨折
> en vain : 白费，无结果
> amputer : *v.t.* 截（肢）

· · · Notes ·

1 afin que vous ayez le matériel nécessaire pour mener à bien vos combats : 以便为你们提供战斗所需的物资。此处 ayez 是 avoir 的虚拟式，用于表示目的的从句中。

· · · Compréhension du texte · · ·

1 À quelle date s'est écrite cette lettre ? Qui était le destinataire ?

_____

_____

2 Répondez par vrai ou faux.

1) Albert s'est déjà marié mais il n'a pas eu d'enfants à ce moment-là. (   )

2) Toutes les femmes ont dû prendre le travail à l'usine à cause du manque de main-d'œuvre. (   )

3) La vie est devenue de plus en plus difficile au pays d'Albert. (   )

3 À la fin de la lettre, la femme a averti son mari de la situation d'un ami, est-ce qu'il s'agissait d'une bonne nouvelle ?

_____

UNITÉ 5

Contes et fables

故事与寓言

···· À propos du texte ··········

本文改编自伊索寓言，伊索寓言的故事大都简短精练，刻画出来的人物形象鲜明生动，每则故事都蕴含哲理。该篇讲的是一位农夫和他三个儿子之间发生的事情，看农夫是如何教育三个不团结的儿子的。

···· Le texte ··········

Les enfants d'un labOureur vivaient en désaccord. Il avait beau les exhorter : ses paroles étaient impuissantes à les faire changer de sentiments, il a décidé donc de leur donner une leçon en action. Il leur a dit de lui apporter un fagot de baguettes. Tout d'abord il leur a donné les baguettes en faisceau et leur a dit de les casser. Mais en dépit de tous leurs efforts, ils n'y ont pas réussi. Alors il a délié le faisceau et leur a donné les baguettes une à une ; ils les ont cassées facilement. « Eh bien ! dit le père, vous aussi, mes enfants, si vous restez unis, vous serez invincibles à vos ennemis ; mais si vous êtes divisés, vous serez faciles à vaincre. »

laboureur :	*n.m.* ⟨旧⟩农夫
désaccord :	*n.m.* 不和
avoir beau :	徒劳地
exhorter :	*v.t.* 劝说
impuissant, e :	*adj.* 无效的
fagot :	*n.m.* 柴捆
faisceau :	*n.m.* 捆
en dépit de :	虽然
délier :	*v.t.* 解开
invincible :	*adj.* 不可战胜的
vaincre :	*v.t.* 击败

Compréhension du texte

1 « Les enfants d'un laboureur vivaient en <u>désaccord</u>. » Choisissez le mot qui a le même sens que le mot souligné. (　　)

A) discordance　　B) difficulté　　C) désespoir　　D) désordre

2 Pourquoi le laboureur a dû donner une leçon à ses enfants en action ?

____

3 Lequel des proverbes ci-dessous correspond mieux au contenu de ce conte ? (　　)

A) Qui s'aime trop n'a point d'amis.
B) La critique est aisée et l'art est difficile.
C) L'union fait la force.

Texte 2 ———————— La Barbe-Bleue

··· À propos du texte ···········

該篇作者是17世纪的法国诗人、作家夏尔·佩罗（Charles Perrault），他是重要文学体裁——童话的奠基者。《蓝胡子》（*La Barbe-Bleue*）根据法国的民间故事编写，主人公是当地一位非常富有的贵族，他结过很多次婚，但每一任妻子最终都下落不明，而现在他又要找寻下一任妻子。

··· Le texte ···········

II était une fois un homme qui avait de belles maisons à la ville et à la campagne, de la vaisselle d'or et d'argent, des meubles en broderies, et des carrosses tout dorés.

Mais, par malheur, cet homme avait la barbe bleue : cela le rendait si laid et si terrible, qu'il n'était ni femme ni fille qui ne s'enfuit de devant lui.[1]

Une de ses voisines, dame de qualité, avait deux filles parfaitement belles. Il lui en a demandé une en mariage, mais l'une ou l'autre, ne pouvait se résoudre à prendre un homme avec la barbe bleue.

Ce qui les dégoûtait encore, c'est qu'il avait déjà épousé plusieurs femmes, et qu'on ne savait ce que ces femmes étaient devenues.

vaisselle : *n.f.* 餐具

or : *n.m.* 金

argent : *n.m.* 银

broderie : *n.f.* 刺绣

carrosse : *n.m.* 四轮华丽马车

doré, e : *adj.* 镀金的

s'enfuir : *v.pr.* 逃跑

qualité : *n.f.* 身份

se résoudre à : 决定

dégoûter : *v.t.* 使…厌恶

La Barbe-Bleue, pour faire connaissance, les a amenées, avec leur mère et trois ou quatre de leurs meilleures amies et quelques jeunes gens du voisinage, à une de ses maisons de campagne. On y a joui de tout ce qu'avait offert la Barbe-Bleue.[2] Alors la cadette a commencé à trouver que le maître du logis n'avait plus la barbe si bleue, et que c'était un fort honnête homme. Dès qu'on a été de retour à la ville, le mariage s'est conclu.

> jouir : *v.t.indir.* 享受
> cadet, te : *n.* 最小的子女
> logis : *n.m.* 住所
>
> se conclure : *v.t.* 缔结

···· Notes ·····························

1 cela le rendait si laid et si terrible, qu'il n'était ni femme ni fille qui ne s'enfuit de devant lui : 这（指蓝色的胡子）让他看上去又丑又可怕，以至于没有哪个妇女或女孩不在他面前逃跑的。si…que… 表示 "如此……以至于……"。

2 On y a joui de tout ce qu'avait offert la Barbe-Bleue : 人们在那儿尽情享受蓝胡子提供的东西。

···· Compréhension du texte ····

1 « …avait deux filles parfaitement belles », choisissez le mot qui a le même sens que le mot souligné. (   )

A) passablement   B) absolument   C) aimablement

2 Pourquoi aucune des deux filles ne voulait se marier avec la Barbe-Bleue au début ? (   )

A) Parce que l'apparence de cet homme était terrible.
B) Parce qu'il avait déjà épousé plusieurs femmes et elles sont disparu.
C) Les deux raisons pécédentes.

3 Grâce à quoi la Barbe-Bleue a-t-il réussit à séduire sa future femme ? (   )

A) sa beauté   B) sa conversation   C) ses richesses

Texte 3 —— Conte des trois souhaits

···· À propos du texte ··········

　　本文摘编自法国18世纪最有代表性的儿童文学作家让娜−玛丽·勒普兰斯·德·博蒙
（Jeanne-Marie Leprince de Beaumont，俗称博蒙夫人）的作品《三个愿望》（*Conte des trois souhaits*）。文中的主人公是一对夫妻，有一天他们在谈论自己想要的东西，突然出现一位仙女，说可以满足他们三个愿望。他们会许什么愿望呢？阅读本文时应注意法语表达意愿的方式。

···· Le texte ··········

　　Il y avait une fois un homme qui n'était pas fort riche ; il s'est marié et a épousé une jolie femme. Un soir, ils s'entretenaient du bonheur de leurs voisins qui étaient plus riches qu'eux.[1]

　　– Oh ! Si j'étais la maîtresse d'avoir tout ce que je souhaiterais, dit la femme, je serais bientôt plus heureuse que tous ces gens-là.[2]

　　– Et moi aussi, dit le mari ; je voudrais qu'il y ait une fée assez bonne pour m'accorder tout ce que je voudrais.[3]

　　Dans le même temps, ils ont vu dans leur chambre une très belle dame, qui leur a dit :

　　– Je suis une fée ; je vous promets de vous accorder les trois premières choses que vous souhaiterez ; mais après avoir souhaité trois choses, je ne vous accorderai plus rien.

　　La fée a ensuite disparu, cet homme et cette femme ont été très embarrassés.

---

fort : *adv.* 非常

épouser : *v.t.* 娶

s'entretenir : *v.pr.* 谈论

souhaiter : *v.t.* 祝愿；希望，此处为条件式现在时，使语气更委婉。

fée : *n.f.* 仙女

accorder : *v.t.* 给予

après avoir souhaité : 在许完愿之后

embarrassé, e : *adj.* 为难的

– Pour moi, dit la femme, si je suis la maîtresse, je sais bien ce que je souhaiterais : je ne souhaite pas encore, mais il me semble qu'il n'y a rien de si bon que d'être belle, riche, et de qualité.

– Mais, a répondu le mari, avec ces choses on peut être malade, chagrin, on peut mourir jeune : il serait plus sage de souhaiter de la santé, de la joie, et une longue vie.

chagrin, e : *adj.* 悲伤的

···· **Notes** ··············

1 ils s'entretenaient du bonheur de leurs voisins qui étaient plus riches qu'eux : 他们在谈论比他们更富有的邻居的幸福。该句中 qui étaient plus riches qu'eux 为关系从句，用来限定先行词 voisins。qui 为关系代词，指代先行词 voisins，在关系从句中作主语。

2 si j'étais la maîtresse d'avoir tout ce que je souhaiterais, dit la femme, je serais bientôt plus heureuse que tous ces gens-là : 妻子说：如果我是那个女主人，能得到自己想要的一切，我很快会比所有这些人都更幸福。该句表达的是一种假设和愿望，并不是陈述事实，动词多用条件式。souhaiterais 是 souhaiter 的条件式现在时，表达愿望时语气更委婉。serais 为 être 的条件式现在时。

3 je voudrais qu'il y ait une fée assez bonne pour m'accorder tout ce que je voudrais : 我希望有一个足够善良的仙女，能给我想要的一切。voudrais 是 vouloir 的条件式现在时，ait 为 avoir 的虚拟式，用于表达愿望的从句中。

···· **Compréhension du texte** ····

1 D'après la première phrase du texte, est-ce que vous croyez que l'homme était un malheureux ? pourquoi ?

_____

_____

2 Pourquoi « cet homme et cette femme ont été très embarrassés » ? (   )

A) Parce qu'ils avaient d'autres choses plus importantes à faire.
B) Parce qu'il était difficile de se décider pour les trois souhaits.
C) Parce qu'ils ne pouvaient pas voir la fée.

3 Quand la femme a proposé ce qu'elle souhaitait, est-ce que le mari était d'accord ?

_____

Texte 4 ——————— La fée poussière

···· À propos du texte ·········

乔治・桑（George Sand）是19世纪法国小说家、剧作家、文学评论家，也是一位有影响力的政治作家。本文选自其短篇小说《灰尘仙女》（ *La fée poussière* ），作品充满了想象力和现代感。"我"在睡梦中被灰尘仙女带到了一个神奇的世界，来到了她的实验室，灰尘仙女要让"我"做什么呢？

···· Le texte ·········

Des bruits formidables, des sifflements aigus, des explosions, des éclats de tonnerre remplissaient cette caverne de nuages noirs où je me sentais enfermée.

– N'aie pas peur, m'a-t-elle crié d'une voix qui dominait les bruits assourdissants. Tu es ici dans mon laboratoire. Ne connais-tu pas la chimie ?

– Je n'en sais pas un mot, me suis-je alors écrié, et ne désire pas l'apprendre en un pareil endroit.

– Tu as voulu savoir, il faut te résigner à regarder. Il est bien commode d'habiter la surface de la terre, de vivre avec les fleurs, les oiseaux et les animaux apprivoisés ; de se baigner dans les eaux tranquilles, de manger des fruits savoureux en marchant sur des tapis de gazon et de marguerites. Tu t'es

aigu, ë : *adj.* 尖锐的
tonnerre : *n.m.* 雷声
caverne : *n.f.* 洞穴
dominer : *v.t.* 高出
assourdissant, e : *adj.* 震
耳欲聋的
laboratoire : *n.m.* 实验室
s'écrier : *v.pr.* 喊叫
pareil, le : *adj.* 如此的
se résigner : *v.pr.* 顺从
apprivoisé, e : *adj.* 驯服的
gazon : *n.m.* 草地
marguerite : *n.f.* 雏菊

imaginée que la vie humaine avait subsisté de tout temps ainsi, dans des conditions bénies. Il est temps de t'aviser du commencement des choses et de la puissance de la fée poussière, ton aïeule, ta mère et ta nourrice.

subsister : *v.i.* 存在
béni, e : *adj.* 赐福的
aviser : *v.t.* 告知
aïeule : *n.f.* 祖母；外祖母
nourrice : *n.f.* 乳母

··· Compréhension du texte ···

1 Pourquoi on doit crier et s'écrier dans la caverne ? (　　)

A) Parce que la fée poussière est vieille, elle est sourde.
B) Parce qu'on ne peut pas contrôler sa voix dans la caverne.
C) Parce qu'il y a beaucoup de bruits assourdissants.

2 Répondez par vrai ou faux.

1) « Je » me trouve bien à l'aise à cet endroit. (　　)
2) Grâce aux oiseaux et aux animaux, les humains peuvent vivre tranquillement. (　　)
3) D'après les mots de la fée poussière, les choses sur la terre ne changent jamais. (　　)

3 « ...dans des conditions bénies », choisissez un autre mot qui peut remplacer le mot souligné. (　　)

A) excellentes   B) remarquables   C) explicables

UNITÉ 6

La science et l'esprit scientifique

科学与科学精神

Texte 1 —————— La migration des oiseaux

····· À propos du texte ·········

　　鸟类迁徙是鸟类遵循自然环境的一种本能生存反应。影响鸟类迁徙的因素有哪些？鸟类迁徙的途中会遇到什么威胁？本篇能够帮助我们了解这些问题。阅读时应注意对细节信息的准确把握。

····· Le texte ··········

Chaque année, à l'automne, des millions d'oiseaux quittent leur lieu de vie pour trouver une nourriture plus abondante. Ils reviendront ensuite au printemps sur les lieux de nidification.

Ce n'est pas directement le froid qui annonce le départ mais plutôt un ensemble de phénomènes : la diminution des ressources, la diminution de la durée des jours, la baisse de l'intensité lumineuse et la baisse des températures.

Les oiseaux partent alors d'Europe et parcourent des milliers de kilomètres vers le sud. Avant le départ ou lors d'une escale, les oiseaux se préparent à ce long voyage en faisant des réserves de graisse. Cela est indispensable car, lors de la migration, les oiseaux peuvent perdre jusqu'à 50% de leur poids.

abondant, e : *adj.* 丰富的
nidification : *n.f.* 筑巢

intensité : *n.f.* 强度
lumineux, se : *adj.* 光的

escale : *n.f.* 中途停靠
réserve : *n.f.* 储备
graisse : *n.f.* 脂肪
indispensable : *adj.* 必不可少的

Ce long voyage est particulièrement risqué : les oiseaux doivent traverser des territoires hostiles (mers, montagnes, déserts) et subir des conditions météorologiques difficiles (brouillard, tempêtes). Ils peuvent aussi devenir des proies pour certains prédateurs tels que les faucons et les éperviers.

risqué, e : *adj.* 危险的
hostile : *adj.* 不友好的
subir : *v.t.* 忍受
météorologique : *adj.* 气象的
proie : *n.f.* 猎物
prédateur, trice : *n.* 捕食性动物
faucon : *n.m.* 隼
épervier : *n.m.* 鹰

··· Compréhension du texte ···

1 Laquelle de ces propositions suivantes ne fait pas partie des causes de la migration des oiseaux ? (   )

A) la diminution des ressources
B) le réchauffement climatique
C) la diminution de la durée des jours
D) la baisse des températures

2 Pourquoi les oiseaux font des réserves de graisse avant le départ ou lors d'une escale ?

_____

_____

3 « Les oiseaux doivent traverser des territoires hostiles ». Trouvez un mot qui peut remplacer le mot souligné.

_____

Texte 2 ———————— ⸢ **Qu'est-ce qu'un volcan ?** ⸣

···· À propos du texte ············

　　本文是一篇科普性文章，描述的对象是火山。其中有很多词汇并不经常出现在日常用语中，阅读时注意积累一些有关特殊物质和现象的词汇，学习描述科学、自然现象的句型。

···· Le texte ············

　　Un volcan est un relief terrestre ou sous-marin formé par l'éjection et l'empilement de matériaux issus de la montée d'un magma sous forme de lave et des cendres. Ce magma provient de la fusion partielle du manteau et exceptionnellement de la croûte terrestre.

　　L'accumulation peut atteindre des milliers de mètres d'épaisseur et forme ainsi des montagnes ou des îles. Selon la nature des matériaux, le type d'éruption, et leur fréquence, les volcans prennent des formes variées mais en général, ils ont l'aspect d'une montagne conique, surmontée par un cratère.

　　Le lieu principal de sortie des matériaux lors d'une éruption se situe dans la plupart des cas au sommet du volcan, là

relief : *n.m.* 凸起
sous-marin, e : *adj.* 海底的
éjection : *n.f.* 喷出
empilement : *n.m.* 堆积
magma : *n.m.* 岩浆
lave : *n.f.* 熔岩
cendre : *n.f.* 灰
provenir : *v.i.* 来自
fusion : *n.f.* 熔化
manteau : *n.m.* 地幔
croûte : *n.f.* 地壳
accumulation : *n.f.* 堆积
atteindre : *v.t.* 到达
éruption : *n.f.* 喷发
conique : *adj.* 锥型的
surmonter : *v.t.* 置于⋯
　　之上
cratère : *n.m.* 火山口

où débouche la cheminée volcanique, mais il arrive que des ouvertures latérales apparaissent sur les flancs ou aux pieds du volcan.

> déboucher : v.i. 出来
> il arrive que : 有时发生
> latéral, e : adj. 侧面的
> flanc : n.m. 侧面

··· Compréhension du texte ···

1 Quel est le rôle de ce document ? (   )

A) Il raconte une histoire de volcan.

B) Il donne des informations sur les volcans.

C) Il met en garde contre les volcans.

2 Lors d'une éruption, comment on appelle ce qui sort du volcan ?

_____

3 Répondez par vrai ou faux.

1) Un volcan ne peut être sous-marin. (   )

2) Les matériaux en fusion qui jaillissent des volcans proviennent du manteau et de la croûte terrestre. (   )

3) Les ouvertures des volcans peuvent se trouver aux sommets, sur les flancs ou aux pieds. (   )

··· À propos du texte ········

　　人类通过不断地开拓自然，求得社会的发展与进步，然而，一些问题也接踵而至。人类应秉持怎样的发展理念已经成为当代社会的重要议题。选文提及了两种不同的生活方式和理念，阅读时应注意辨析清楚。

··· Le texte ········

En Sibérie, il y a des peuples qui vivent en harmonie avec la nature. Ces hommes ont su conserver les valeurs des anciens que nous avons abandonnées, ils ont ignoré le gaspillage et la destruction. Ainsi ces hommes qui vivent avec la nature, entretiennent avec elle une véritable histoire d'amour.[1] Impensable donc l'idée même de gaspiller et d'appauvrir ces territoires. C'est ainsi se fonde toute leur éducation, leur mode de vie, leur culture et leur équilibre.

Les peuples du Nord ont de nombreuses choses à nous apprendre, un mode de vie exemplaire. Ils sont pleinement conscients de leur responsabilité face au milieu naturel. Leur mode de vie s'établit sur ce que leur territoire peut durablement leur donner. Ils montrent ainsi l'exemple à nos pays pollueurs, gaspilleurs de ressources naturelles qui mettent en péril les générations à venir.

Sibérie : *n.f.* 西伯利亚
harmonie : *n.f.* 和谐
abandonner : *v.t.* 放弃
ignorer : *v.t.* 不做
entretenir : *v.t.* 维持
impensable : *adj.* 不可想象的
gaspiller : *v.t.* 浪费
se fonder : *v.pr.* 建立
équilibre : *n.m.* 平衡
être conscient de : 意识到

mettre...en péril : 将…置于危险中

Peut-on indéfiniment prélever des ressources en quantité toujours plus grandes alors que celles-ci n'existent qu'en quantité limitée[2] ? La réponse paraît banale et pourtant les pays riches continuent leur marche égoïste sans se soucier de cette évidence.

prélever : *v.t.* 取用

banal, e : *adj.* 普通的
égoïste : *adj.* 自私的

Notes

1. Ainsi ces hommes qui vivent avec la nature, entretiennent avec elle une véritable histoire d'amour : 那些靠大自然生活的人，与大自然之间存在着真正的爱的故事。该句中 **qui vivent avec la nature** 是关系从句，起到修饰先行词 **homme** 的作用。

2. celles-ci n'existent qu'en quantité limitée : 这些（资源）仅仅以有限的数量存在着。该句中 **celles-ci** 指代前面的 **des ressources**。ne…que… 结构表示"仅仅，只"。

Compréhension du texte

1. « Il y a des peuples qui vivent en harmonie avec la nature ». Qu'est-ce que cette expression veut dire ?

_____

2. Relevez du texte deux mots de la même famille que le verbe « gaspiller ».

_____

3. Classez ces expressions dans le tableau suivant.

a) gaspillent et appauvrissent la nature.
b) aiment la nature.
c) abandonnent les valeurs des anciens.
d) ignorent le gaspillage.
e) sont inconscients de leur responsabilité envers la nature.
f) sont égoïstes et pollueurs.

Les peuples du Nord	Les pays riches

L'esprit d'observation

•••• À propos du texte ••••••••••

> 本文是一篇充满哲思的文章，是对"观察"这一行为的思考，探讨我们在认识世界的时候，首先应该以什么样的思维观察世界。文章虽然有些抽象，但文笔简洁，表意清晰，只要克服词汇方面的困难，就能很好地理解文章内容。

•••• Le texte ••••••••••••••••••

Qu'est-ce que l'esprit d'observation ?

Observer, ce n'est pas se contenter de voir, d'écouter ; ces actes sont dépourvus de volonté ; ils restent souvent à l'état de sensations, d'actes inconscients. Il y a, en effet, une différence entre regarder et voir, entre entendre et écouter ; regarder et écouter sont des actes de perception consciente.

Il ne faut pas se contenter d'accumuler des sensations ; il faut chercher la corrélation qui existe entre la forme et les usages d'un objet,[1] entre les causes et les conséquences d'un phénomène ; chercher la relation entre la composition, la structure d'un être, et les services qu'on en attend.[2]

se contenter de : 满足于
dépourvu, e : 缺乏…的
volonté : *n.f.* 意志
sensation : *n.f.* 感觉
inconscient, e : *adj.* 无意识的
perception : *n.f.* 领会
conscient, e : *adj.* 有意识的
corrélation : *n.f.* 相关性
phénomène : *n.m.* 现象
composition : *n.f.* 成分
être : *n.m.* 存在

Observer, c'est recueillir les impressions que fournissent les objets,[3] mais c'est, de plus, chercher les relations de cause à effet.

recueillir : *v.t.* 收集

1 il faut chercher la corrélation qui existe entre la forme et les usages d'un objet : 应当探寻物体的形态和用途之间的关联。该句中 **qui** 是关系代词，指代先行词 la corrélation，qui 在从句中充当主语。

2 chercher la relation entre la composition, la structure d'un être, et les services qu'on en attend : 探寻某一存在的成分、结构与预期功能之间的联系。该句中的 **que** 为关系代词，其先行词是从句动词的宾语。

3 Observer, c'est recueillir les impressions que fournissent les objets : 观察，就是收集物体给我们的印象。**que** 为关系代词，后面的分句为关系从句，用来进一步说明先行词 impressions。

··· Compréhension du texte ··············· ···

1 Quelle est la différence entre entendre et écouter ?

_____

_____

2 Quand on essaie de connaître un objet ou un phénomène, ce qui est plus important, c'est de / d'… (   )

A) accumuler les sensations qu'on obtient au cours de l'observation.
B) chercher la relation entre la forme et les usages, chercher les relations de cause à effet.

3 « Observer, c'est recueillir les impressions que <u>fournissent</u> les objets ». Choisissez le mot qui a le même sens que le mot souligné. (   )

A) donnent   B) ferment   C) dessinent

UNITÉ 7

Connaissez-vous bien la langue française ?

您对法语了解多少？

Texte 1 · « La langue de Molière » : origine de l'expression

···· À propos du texte ··········

　　莫里哀（Molière）是法国17世纪古典主义文学最重要的作家之一，古典主义喜剧的创始人，他的作品在欧洲各大宫廷深受欢迎，法语也因此得到广泛传播。可以说，莫里哀是法语的重要传播者。于是从19世纪开始，我们开始说法语是"莫里哀的语言"。

···· Le texte ··········

langue de Cervantes

langue de Shakespeare

la langue de Molière

L'expression « la langue de Molière » est une autre façon de désigner la langue française. L'origine de cette phrase provient de la coutume d'attribuer à chaque grande langue le nom d'un auteur célèbre associé à son pays. Par exemple, en anglais on dit la « langue de Shakespeare » ; pour l'espagnol, c'est la « langue de Cervantès » (l'auteur de *Don Quichotte*), et ainsi de suite.

En France, c'est le comédien et auteur de pièces de théâtre du 17ᵉ siècle Jean-Baptiste Poquelin, mieux connu comme « Molière », qui a donné son nom à la langue française. Ses comédies ont connu un succès fou à l'époque et il est devenu une véritable « star » à la cour du très célèbre roi de France, Louis XIV, le Roi-Soleil.

désigner : *v.t.* 指称

coutume : *n.f.* 惯例

attribuer : *v.t.* 赋予

Shakespeare : 莎士比亚

Cervantès : 塞万提斯

Don Quichotte :《堂吉诃德》

comédien, ne : *n.* 演员

fou, folle : *adj.* 巨大的

L'expression « langue de Molière » est apparue après sa mort, alors que ses pièces sont jouées dans toutes les grandes capitales européennes. À la même époque, la langue française devient aussi la « langue de la diplomatie » en Europe, pour souligner le fait qu'elle est alors parlée par tous les diplomates, familles royales et nobles du continent.[1]

pièce : *n.f.* 剧本

diplomatie : *n.f.* 外交

· · · Note · · · · · · · · · · · · · ·

1 pour souligner le fait qu'elle est alors parlée par tous les diplomates, familles royales et nobles du continent : 为了强调一个事实，即当时欧洲大陆的所有外交官、皇室和贵族都在使用这种语言。连词 **que** 引导的从句为名词性从句，在句中充当 **le fait** 的同位语。

· · · Compréhension du texte · · ·

1 On appelle la langue française « la langue de Molière » car... (   )

A) Molière est plus célèbre que Shakespeare.
B) Molière a écrit le roman *Don Quichotte*.
C) Molière est un auteur français très connu.

2 Répondez par vrai ou faux.

1) Molière a été très populaire dans la cour de Louis XIV. (   )
2) Au 17ᵉ siècle, tout le monde parle français en Europe. (   )
3) C'était Molière lui-même qui a demandé au Roi-Soleil de donner son nom à la langue française. (   )

3 Essayez de relier ces langues avec leurs périphrases (代用语).

1) l'allemand	a) la langue de Shakespeare
2) l'anglais	b) la langue de Dante
3) l'espagnol	c) la langue de Molière
4) le français	d) la langue de Goethe
5) l'italien	e) la langue de Pouchkine
6) le russe	f) la langue de Cervantès

··· **À propos du texte** ··········

> 法语是属于欧洲印欧语系罗曼语族的独立语言，现今全世界有2.85亿人使用它（包括把它作为第二语言的人）。法语具有怎样的历史沿革？是怎样一步一步发展成现代法语的？又有哪些历史人物和历史事件推动了法语的发展呢？

··· **Le texte** ··········

Au 5ᵉ siècle avant Jésus-Christ, la France parle trois langues : le grec, le ligure et le gaulois. En 50 avant Jésus-Christ, les Romains envahissent la France avec leur langue, le latin. Au 5ᵉ siècle, le peuple des Francs prend leur place. Ils prononcent le latin à leur manière, ajoutent leurs mots, et créent ainsi une nouvelle langue : le roman.

En 800, Charlemagne remet le latin dans les écoles et les églises. Alors, les gens cultivés parlent latin, et le peuple, roman. Au 10ᵉ siècle, le roman a pris des centaines de formes différentes dans les régions. Pour dire oui, les gens du Nord disent oïl, les gens du Sud disent oc.

Peu à peu, c'est la langue parlée près de Paris qui se répand : le francien, ou français. Pour que tous les habitants se comprennent,[1] le roi François 1ᵉʳ décide, en 1539, que les lois seront rédigées en français. Et, après la Révolution, l'école se fait en français.

avant Jésus-Christ : 公元前	
grec : *n.m.* 希腊语	
ligure : *n.m.* （古代）利古里亚语	
gaulois : *n.m.* 高卢语	
Romain, e : *n.* 古罗马人	
latin : *n.m.* 拉丁语	
roman : *n.m.* 罗曼语	
centaine : *n.f.* 百来个	
se répandre : *v.pr.* 传播	
rédiger : *v.t.* 拟定，此处为被动态	

Au fil des siècles, des mots étrangers entrent dans la langue française : « pays » est un mot gaulois, « prudence » est latin, « magasin » est arabe et « Internet » est anglais. Tu vois, une langue, c'est vivant : ça grandit tout le temps !

arabe : *adj.* 阿拉伯语的

Note

1 Pour que tous les habitants se comprennent : 为了使所有的居民能够相互理解。pour que 后面的目的从句中，动词要使用虚拟式，此处 se comprennent 为虚拟式现在时。

Compréhension du texte

1 Qui a inventé le roman ? (   )

A) les Romains
B) les Anglais
C) les Francs

2 Quel roi a décidé de rédiger les lois en français ? (   )

A) Charlemagne
B) Louis XIV
C) François 1er

3 À partir de quand l'école se fait-elle en français ? (   )

A) Juste avant la Première Guerre mondiale.
B) Après la Révolution.
C) Sous Charlemagne.

Texte 3 — La beauté de la langue française

À propos du texte

本文节选自前法兰西学院院长（Chancelier de l'Institut de France）加布里埃尔·德·布罗伊（Gabriel de Broglie）来中国时，在北京大学发表的演讲。文中探讨了法语作为一门语言，最突出的特征是什么。院长先生引用了三位法国著名作家关于语言的论述来引出他的观点，你是否同意他的观点呢？

Le texte

Les spécialistes des langues décrivent de manière générale les langues par des caractères généraux. L'espagnol est considéré comme une langue noble, l'italien comme une langue harmonieuse, l'allemand comme une langue précise, l'anglais comme une langue naturelle et pour le français on met généralement en avant la qualité de la clarté.

La clarté d'une langue, qu'est-ce-que cela signifie ? Paul Valéry[1] disait « Le langage n'a jamais vu les idées ». Voilà qui déjà met dans un certain doute. Mais aussitôt après, un autre écrivain français Jean Paulhan[2] disait « Les mots sont aussi des idées ». Pour faire la synthèse je citerai un troisième écrivain, Jacques de Lacretelle[3], qui écrit : « La place privilégiée du

---

spécialiste : *n.* 专家

général, e : *adj.* 总的，概括的

caractère : *n.m.* 特点

mettre ... en avant : 将…置于前面

qualité : *n.f.* 优点，长处

clarté : *n.f.* 明白，清楚

synthèse : *n.f.* 概括

privilégié, e : *adj.* 优越的

français vient de ce qu'il a toujours offert au monde quelque chose de clarifié ».[4]

L'expression « quelque chose de clarifié » est peut-être plus importante que le mot plus général de la clarté. Clarifié désigne une action. C'est en effet ce caractère souvent célébré comme le génie de la langue française qui lui a permis, pendant quelques siècles, de succéder au latin, même avant le latin au grec,[5] je veux parler des XVIIᵉ et XVIIIᵉ siècles.

> clarifié, e : *adj.* 清晰的
>
> célébrer : *v.t.* 颂扬，赞美
> génie : *n.m.* 天才；特性
> succéder : *v.t.indir.* (+ à)
> 接替

···· Notes ····················

1 Paul Valéry : 保罗·瓦莱里（1871—1945），法国象征派诗人，法兰西学术院（L'Académie française）院士。

2 Jean Paulhan : 让·包兰（1884—1968），法国作家，文学评论家和出版商，法兰西学术院院士。

3 Jacques de Lacretelle : 雅克·德·拉克雷泰勒（1888—1985），法国小说家，法兰西学术院院士。

4 La place privilégiée du français vient de ce qu'il a toujours offert au monde quelque chose de clarifié : 法语的特殊之处，在于它一直给世界带来一些清晰的东西。

5 C'est en effet ce caractère souvent célébré comme le génie de la langue française qui lui a permis, pendant quelques siècles, de succéder au latin, même avant le latin au grec : 实际上，正是因为这一经常被赞誉的特点，法语才能够在几个世纪的时间里，成功替代了拉丁语，甚至再往前追溯的话，是替代了希腊语。

···· Compréhension du texte ····

1 Répondez par vrai ou faux.

1) La langue espagnole est souvent considérée comme une langue harmonieuse. (　　)

2) D'après le texte, avec le français, on peut clarifier son point de vue. (　　)

3) Avant que le français se popularise (普及) en Europe, on a parlé grec, et puis latin. (　　)

2 « Le langage n'a jamais vu les idées », cette phrase veut dire... (   )

A) La langue ne possède pas des yeux, donc elle ne peut voir rien.
B) On ne peut pas voir les idées des autres par la langue.
C) On ne peut pas exprimer clairement les idées par la langue.

3 « Le <u>génie</u> de la langue française », choisissez le mot qui a le même sens que le mot souligné. (   )

A) aptitude   B) habitude   C) contenu

Préface de *Cromwell*

本文选自法国作家、戏剧家维克多·雨果（Victor Hugo）为其五幕韵文剧《克伦威尔》（*Cromwell*）所作的长序，他在其中表达了自己对戏剧创作的独特看法，并对古典主义法则进行了反驳。《〈克伦威尔〉序言》被认为是法国浪漫主义文学的宣言书。本文节选了其中有关语言演变的部分内容。

Une langue ne se fixe pas. L'esprit humain est toujours en marche, ou, si l'on veut, en mouvement, et les langues avec lui. Les choses sont ainsi. Quand le corps change, comment l'habit ne changerait-il pas ? Le français du dix-neuvième siècle ne peut pas plus être le français du dix-huitième, que celui-ci n'est le français du dix-septième, que le français du dix-septième n'est celui du seizième. La langue de Montaigne[1] n'est plus celle de Rabelais[2], la langue de Pascal[3] n'est plus celle de Montaigne, la langue de Montesquieu[4] n'est plus celle de Pascal. Chacune de ces quatre langues, prise en soi, est admirable, parce qu'elle est originale. Toute époque a ses idées propres, il faut qu'elle ait aussi les mots propres à ces idées. Les langues sont comme la mer, elles oscillent sans cesse. À certains temps, elles quittent un rivage du monde de la pensée et en envahissent un autre. Tout ce que leur flot

se fixer : *v.pr.* 固定	
habit : *n.m.* 衣服	
changer : *v.i.* 变化，此处为条件式现在时，用于委婉地表达观点	
prise en soi : 就它本身而言	
osciller : *v.i.* 摇摆	
rivage : *n.m.* 海岸	
envahir : *v.t.* 侵入，涌入	
flot : *n.m.* 波浪	

déserte ainsi sèche et s'efface du sol.[5] C'est de cette façon que des idées s'éteignent, que des mots s'en vont. Il en est des idiomes humains comme de tout. Chaque siècle y apporte et en emporte quelque chose.

> déserter : *v.t.* 离开，抛弃
> sécher : *v.i.* 变干，干枯
> s'effacer : *v.pr.* 消失
> s'éteindre : *v.pr.* 熄灭
> idiome : *n.m.* 民族语，
> 方言

··· Notes ·····················

1. Montaigne：蒙田（1533—1592），文艺复兴时期法国思想家、作家，代表作是《随笔集》。

2. Rabelais：拉伯雷（1494—1553），文艺复兴时期法国人文主义作家，主要著作是长篇小说《巨人传》。

3. Pascal：帕斯卡尔（1623—1662），法国 17 世纪著名的思想家，同时又是一位成果卓著的科学家，主要著作有《致外省人信札》和《思想录》。

4. Montesquieu：孟德斯鸠（1689—1755），法国启蒙时代思想家、社会学家，著有《论法的精神》《波斯人信札》等。

5. Tout ce que leur flot déserte ainsi sèche et s'efface du sol：它们（语言）的波浪离开的地方，一切都会干涸，并从地面上消失。

··· Compréhension du texte ···

1. Pourquoi une langue ne se fixe pas ?

    _____

2. De quoi parle-t-on en disant « la langue de Montaigne n'est plus celle de Rabelais » ?

    _____

    _____

    _____

3. Quelle est l'idée principale de cet extrait ? (   )

    A) L'origine de la langue française date du seizième siècle.

    B) Les écrivains de différentes époques ont créé les œuvres aux caractères différents.

    C) Au fur et à mesure que l'esprit humain se développe, la langue évolue également.

UNITÉ 8

Faire la cuisine

烹饪

···· À propos du texte ··········

法国前总统戴高乐将军（Général de Gaulle）曾感叹道："该如何治理一个拥有246种奶酪的国家！"可见法国的奶酪种类之多。另外，法国人食用奶酪也非常讲究。本文就介绍了一种专门在冬季吃的奶酪"蒙多尔奶酪"，读完本文后，你就知道法国人是如果烹饪、食用这种奶酪了。

···· Le texte ··········

Les Français adaptent leurs menus à la saison. L'été a des fruits, l'automne a des champignons, et l'hiver a des plats chauds : beaucoup de soupes, mais aussi beaucoup de plats chauds au fromage, comme la fondue. Il y a une autre spécialité au fromage en hiver en France : le Mont-d'Or.

Il y a deux types de Mont-d'Or, similaires. Le premier est produit dans le Doubs, dans l'est de la France. Le deuxième est produit dans l'ouest de la Suisse, dans le canton de Vaud. Ces fromages sont très coulants, et ils sont dans des boîtes en écorce. Ils sont produits avec du lait de vache.

On mange parfois le Mont-d'Or sur du pain, mais souvent, on le mange chaud : au four à 180 °C pendant 25 minutes avec un peu de vin blanc, on le mange ensuite à la cuiller avec des pommes de terre et de la charcuterie.

adapter : *v.t.* 使适合
champignon : *n.m.* 蘑菇
fondue : *n.f.* 干酪火锅
canton : *n.m.* 州
coulant, e : *adj.* 稀的
écorce : *n.f.* 树皮
four : *n.m.* 烤炉
cuiller : *n.f.* 匙，勺
charcuterie : *n.f.* 熟猪肉

Le Mont-d'Or est produit entre août et mars, en France et en Suisse. On l'achète chez les fromagers et sur les marchés entre septembre et mai. On peut aussi l'acheter dans les supermarchés.

··· Compréhension du texte ···

1 Quels aliments les Français consomment beaucoup en été ? En automne ? En hiver ?

_____

_____

2 D'après vous, laquelle de ces images correspond au Mont-d'Or ? (   )

A)

B)

C)

3 Répondez par vrai ou faux.

1) Les plats chauds sont très populaires en été. (   )

2) Les Français aiment cuisiner le Mont-d'or avec du vin blanc. (   )

3) Ce n'est que dans les supermarchés qu'on peut acheter le Mont-d'or. (   )

Texte 2 · La gastronomie française, patrimoine de l'UNESCO

···· À propos du texte ············

　　法国菜是西餐中最有地位的菜，是西方饮食文化的一颗明珠。2010年，联合国教科文组织经过审议，将法国大餐列入人类非物质文化遗产名录。这是教科文组织首次将一国的餐饮列入非物质文化遗产名录。委员会成员认为，法式大餐已经融入人们的日常生活，成为个人或团体庆祝重要时刻的习俗。

···· Le texte ············

　　En 2010, l'UNESCO décidait de classer le « repas gastronomique des Français » comme patrimoine culturel immatériel de l'humanité. Cette catégorie, créée en 2003, a pour objectif de protéger les pratiques culturelles et savoir-faire traditionnels, aux côtés des sites et monuments. Retour sur la décision à l'époque de l'UNESCO, et sur la définition d'un repas « à la française ».

　　Dans sa décision, le comité avait noté que la gastronomie française relevait d'une « pratique sociale coutumière destinée à célébrer les moments les plus importants de la vie des individus et des groupes ». Car au-delà des plats, ce qui constitue le repas à la française, c'est la pratique sociale qui

UNESCO : 联合国教育、科学及文化组织
immatériel, le : *adj.* 非物质的
savoir-faire : *n.m.inv.* 专有技能
comité : *n.m.* 委员会
coutumier, ère : *adj.* 惯常的
célébrer : *v.t.* 庆祝
constituer : *v.t.* 组成

l'entoure : la convivialité, le plaisir du goût, le partage, l'asso-ciation avec le vin, le lien aux terroirs, etc.

Moment festif par excellence, occasion pour les familles – et les amis – de se rassembler, le repas est, en France plus qu'ailleurs, un moment convivial qui a lieu à heures fixes : à 12h30 chaque jour, plus de 54% des Français sont attablés. À titre de comparaison, la prise alimentaire équivalente au Royaume-Uni est à 13h10, et ne rassemble que 17% de la population. Et en France, au moins un repas par jour est pris en famille. Le repas français se caractérise également par le temps passé à table, l'ordre des mets (entrée, plat, dessert) – tandis qu'en Chine par exemple, tous les plats sont servis en même temps –, le plaisir de dresser une belle table, et, bien sûr, par les bons petits plats faits maison.

entourer : *v.t.* 围绕
convivialité : *n.f.* 欢聚一堂
terroir : *n.m.* 乡土
festif, ve : *adj.* 节日般的
convivial, e : *adj.* 亲善友好的
attabler : *v.t.* 使…入席
équivalent, e : *adj.* 等效的
se caractériser : *v.pr.* 以…特征表现出来
dresser : *v.t.* 安排

··· **Compréhension du texte** ···

1 En 2003, on a créé une nouvelle catégorie du patrimoine mondial de l'UNESCO, laquelle ? (   )

A) le patrimoine naturel
B) le patrimoine matériel culture
C) le patrimoine culturel immatériel

2 En plus des plats, le repas à la française est aussi relié à quelques notions dans la pratique sociale, citez-les.

_____

_____

3 Répondez par vrai ou faux.

1) Plus d'une moitié de Français sont attablés à environ 12h30 chaque jour. (   )
2) 54% de la population au Royaume-Uni est attablée à 13h10. (   )
3) Tous les plats sont servis en même temps en Chine comme en France. (   )

Texte 3 —————— Mon oncle et les gigots

···· À propos du texte ·········

本文选自伊冯娜・布雷莫（Yvonne Brémaud）创作的《妈妈小时候》（*Quand maman était petite*）。文中以第一人称叙述了在奥弗涅（Auvergne）地区，各家在周日中午都会吃的一道传统菜肴是如何经过"我"叔叔的烘烤炉后才摆上餐桌的。文章不仅介绍了叔叔加工这道菜的过程，还记录了叔叔一家的善良情怀……

···· Le texte ·········

En Auvergne, il y a un plat qui se trouve sur presque toutes les tables, le dimanche, à midi. C'est le gigot bien piqué d'ail, reposant sur un lit de pommes de terre coupées rondes et minces.

Les ménagères préparent ce plat à la maison, puis le portent au boulanger qui le met dans le four à pain et le fait cuire pendant que les propriétaires s'en vont à la messe.

Et le dimanche matin c'était, chez mon oncle le boulanger, le défilé des gigots. Il y en avait de gros et de tout petits, des courts et des longs, mais il y avait aussi de simples plats de pommes de terre, et ceux-là faisaient mal au cœur à mon brave oncle. « Ah ! les pauvres ! » disait-il, et il enfournait avec un soupir.

gigot : *n.m.* 羊后腿
piquer : *v.t.* 戳孔（以便填嵌大蒜等）
ail : *n.m.* 大蒜
lit : *n.m.* 垫层

défilé : *n.m.* 络绎不绝

enfourner : *v.t.* 放入炉内

De temps en temps, il soulevait la porte du four et une odeur de viande saignante se répandait dans la salle. Armé d'une cuiller à pot, l'oncle arrosait les gigots, et je le voyais, d'une main discrète et sûre, « emprunter » un peu de jus aux gigots riches et en arroser les modestes pommes de terre.

Puis il disait à ma tante : « Femme, tu couperas quelques tranches de notre gigot et les mettras là… là… et là ! »

Et du doigt, il montrait les plats maigres.

Agile, menue comme une petite souris, la tante obéissait, et quand, à midi, le gigot, bien saignant, et fortement diminué, paraissait sur la table, les deux braves gens se regardaient en souriant.

Et tous deux disaient presque en même temps : « Le gigot est bien meilleur quand il est entamé. »

saignant, e : *adj.* 半生不熟的	
armer : *v.t.* 装备，配备	
discret, ète : *adj.* 谨慎的	
maigre : *adj.* 不丰盛的	
agile : *adj.* 灵活的	
menu, e : *adj.* 瘦小的	
entamer : *v.t.* 切（第一刀）	

··· **Compréhension du texte** ···

1 Le dimanche à midi, qu'est-ce qu'on trouvait souvent sur la table de chaque famille en Auvergne ?

_____

_____

2 Pourquoi l'oncle empruntait un peu de jus au gigots riches et en arrosait les modestes pommes de terre ?

_____

_____

3 Qu'est-ce qu'il demandait à sa femme de faire ? Et que faisait la tante ?

_____

_____

···· À propos du texte ··········

> 本文选自瑞士法语作家莫里斯·卡雷姆（Maurice Carême）的短篇小说《蓬巴杜丝带》（*Le ruban Pompadour*），文章用细腻、生动的笔法描述了一位小姑娘在妈妈不在的情况下，独自做煎饼的场景。阅读时应注意积累描写动作以及各种物品的词汇。

···· Le texte ··········

Un vendredi où ma mère devait rendre visite à une amie, elle a décidé de me mettre à l'épreuve. « Je vais voir Félicie. Tu sais que ce n'est pas dimanche pour ton père s'il n'a pas de galettes. Je ne mettrai plus les pieds à la cuisine avant demain. » Et la voilà partie ![1]

Ah ! ma mère aurait été bien étonnée si elle m'avait vue quelques instants plus tard.[2] J'avais mis mon tablier qui me tombait sur les sabots et enveloppé mes cheveux dans un essuie-mains dont le nœud me faisait deux grandes cornes sur le front.[3]

mettre qn. à l'épreuve :
考验某人
galette : *n.f.* 煎饼
tablier : *n.m.* 围裙
sabot : *n.m.* 套鞋
essuie-mains : *n.m.inv.*
擦手毛巾
nœud : *n.m.* 结
corne : *n.f.* 角

Faire des galettes est bien autre chose que de regarder faire des galettes ![4] J'aurais voulu avoir quatre pieds et quatre mains pour rassembler plus rapidement tout ce qui était nécessaire.[5] Ah ! ma mère doutait de ma science culinaire… Elle allait bien voir !…

Ordinairement, elle se contentait d'un kilo de farine. J'en ai rempli, moi, toute une boîte à biscuits… Il me semblait être la femme d'un meunier qui peut à loisir gaspiller du beau froment.

Je trouvais qu'il n'y avait pas assez d'œufs dans l'armoire. J'ai couru au poulailler chasser les poules pour prendre leurs œufs tout chauds. Pour avoir du lait frais, je suis allée traire notre chèvre…

J'avais préparé un plein bol de levure avant de me rendre à l'étable. Elle débordait déjà quand je rentrai, et je vous prie de croire que je n'ai pas ménagé ni le sucre ni le beurre.

culinaire : *adj.* 烹调的

biscuit : *n.m.* 饼干

meunier, ère : *n.* 磨坊主

à loisir : 听凭高兴地

froment : *n.m.* 小麦

armoire : *n.f.* 橱子

poulailler : *n.m.* 鸡窝

poule : *n.f.* 母鸡

frais, fraîche : *adj.* 新鲜的

traire : *v.t.* 挤奶

levure : *n.f.* 酵母

étable : *n.f.* 牲畜棚

déborder : *v.i.* 溢出

ménager : *v.t.* 爱惜

··· Notes ···························

1. **Et la voilà partie** : 于是她就走了! 直接宾语 + **voilà** + 过去分词或形容词，表示当下的一种状态，多用于口语，起强调作用。

2. **ma mère aurait été bien étonnée si elle m'avait vue quelques instants plus tard** : 如果我妈妈等会儿看到我，她一定会十分惊讶。在 **si** 引导的表示假设的从句中，动词使用愈过去时，主句动词要使用条件式过去时，表示对过去某一情况的推测。

3. **J'avais … enveloppé mes cheveux dans un essuie-mains dont le nœud me faisait deux grandes cornes sur le front** : 我把头发包在一条擦手巾里，擦手巾打成的结就像是在我额头上安了两只角。该句中 **dont** 为关系代词，指代先行词 **essuie-mains**，在从句中充当名词 **le nœud** 的补语。

4. **Faire des galettes est bien autre chose que de regarder faire des galettes** : 做煎饼跟看别人做煎饼完全是两码事!

5. **J'aurais voulu avoir quatre pieds et quatre mains pour rassembler plus rapidement tout ce qui était nécessaire** : 我真希望自己有四只脚和四只手，这样就能更快地找齐我需要的所有东西。该句中 **aurais voulu** 为条件式过去时，表示一种遗憾。

1 Pourquoi maman a dit : « Ce n'est pas dimanche pour ton père s'il n'a pas de galettes. Je ne mettrai plus les pieds à la cuisine avant demain » ?

_____

_____

2 Dites ce que la fillette utilise pour faire des galettes.

_____

_____

3 Complétez les blancs à l'aide de la lecture.

Pour faire des _____ j'avais mis mon _____ et enveloppé mes _____ dans un _____-_____. J'ai rempli de _____ toute une boîte à _____, j'ai pris au _____ des _____ tout chauds et je suis allée traire la _____.

UNITÉ 9

··

Nos vêtements
我们的服饰

Texte 1 ──── Les jumelles au magasin ────

本文节选自露丝·沙恩和哈罗德·沙恩（Ruth & Harold Shane）创作的儿童读物《双胞胎姐妹》（*Les jumelles*）。文中描写了一对双胞胎姐妹，她们长得几乎一模一样，而且时时刻刻都要保持一样的装扮，就连自己的妈妈也难以分清。妈妈建议她们穿不同的衣服，但双胞胎姐妹不同意，认为保持一模一样非常有意思……

···· Le texte ····

Par un bel après-midi de septembre, Anne et Suzette jouaient dans le jardin.

Qui était Anne ? Qui était Suzette ? Toutes les deux portaient un bain de soleil rouge et des soulier marron.

Mais ce n'était pas à cause de ce qu'elles portaient qu'elles se ressemblaient. C'était parce qu'elles étaient jumelles !

Papa et maman eux-mêmes ne pouvaient les distinguer. Pour éviter de se tromper, Maman les appelait souvent en disant les deux noms à la fois.

« Anne et Suzette, appela-t-elle. Venez vous changer. Nous allons acheter des vêtements neufs pour la classe. »

Quand elles furent lavées et coiffées on eût dit qu'elles se ressemblaient encore plus. Pour aller faire leurs achats, elles portaient toutes deux des robes rouges, des rubans rouges dans

bain de soleil : 露背衫

jumeau, elle : *n.* 双胞胎

se changer : *v.pr.* 换衣服

on eût dit que… : 似乎，好像

ruban : *n.m.* 系带

les cheveux, des chaussettes blanches et des souliers noirs.

En chemin, Maman leur dit : « Cette fois, je pense qu'il faudrait que vos robes soient différentes.

La maîtresse et les autres enfants vous distingueront plus facilement.

– Oh ! non, répondirent Anne et Suzette. C'est si amusant de se ressembler !

– Si c'est cela que vous voulez, prenez donc les mêmes vêtements », dit la maman.

Elles choisirent des chaussettes et des souliers, des robes, des manteaux et des chapeaux qui étaient les mêmes.

« J'ai vu beaucoup de jumelles, dit la vendeuse, mais je n'en ai jamais vu qui se ressemblent autant que leurs vêtements. »

chaussette : *n.f.* 短筒袜

manteau : *n.m.* 大衣
chapeau : *n.m.* 帽子
autant : *adv.* 同样

··· **Compréhension du texte** ···

1 Comment s'habillent les jumelles dans la vie quotidienne ? (   )

A) Elles portent toujours les mêmes vêtements et se coiffent de la même manière.

B) Elles portent toujours les mêmes vêtements mais se coiffent différemment.

C) Elles ne portent pas les mêmes vêtements mais se coiffent de la même manière.

2 Pourquoi la maman dit-elle les deux noms à la fois ? (   )

A) Parce que les jumelles n'aiment pas qu'on les sépare, elles lui demandent de faire ça.

B) Parce que même la maman ne peut pas distinguer les jumelles l'une de l'autre, elle le fait pour éviter de faire des erreurs.

C) Parce que si la maman appelle l'une des jumelles, l'autre va répondre par erreur.

3 Dans un magasin de vêtements, qu'est-ce qui surprend la vendeuse ? (   )

A) Les vêtements que portent les jumelles ne sont pas du tout semblables.

B) Les jumelles s'habillent l'une comme l'autre, ce qui l'empêche de les distinguer.

C) Le degré de ressemblance entre les jumelles est presque le même que celui entre leurs vêtements.

Texte 2 ———— • Mon habit neuf

本文选编自法国剧作家、小说家马塞尔·帕尼奥尔（Marcel Pagnol）的自传体四部曲小说《童年的回忆》（*Souvenirs d'enfance*）之《秘密时光》（*Le Temps des secrets*）。文中小主人公马赛尔（Marcel）就要进入高中上学了，开学之前家人给他准备了新衣服和文具，马赛尔高兴极了……

···· Le texte ·····················

La veille de la rentrée, ma mère termina, grâce à la machine à coudre, une blouse noire d'écolier.

Je ne devais plus la porter dans la rue, mais seulement au lycée d'où elle ne sortirait pas.

J'eus aussi un costume à col de marin, qui comprenait non seulement une culotte courte, mais encore « un pantalon long ».

Sur le ruban de mon béret, le nom de Surcouf brillait en lettres d'or.

coudre : *v.t.* 缝	
blouse : *n.f.* 罩衫	
costume : *n.m.* 套装	
col de marin : 海军领	
culotte : *n.f.* 短裤	
béret : *n.m.* 贝雷帽	

On m'acheta des souliers « cousus main », à semelles cloutées, et nous allâmes choisir, dans un grand magasin, un petit pardessus à martingale que je pus admirer sur ma personne dans un miroir à trois faces.

De plus, je découvris mon profil, que je n'avais encore jamais vu, et je fus enchanté !…

Enfin ma tante Rose me donna un très beau plumier. En appuyant sur un bouton, le couvercle s'ouvrait tout seul : je découvris alors trois porte-plume neufs, des plumes de toutes les formes, et plusieurs crayons de couleur.

Mais surtout j'y trouvai une gomme à effacer, si tendre que je mourais d'envie de la manger tout de suite.

Quand nous rentrâmes à la maison toutes les pièces de mon équipement furent installées dans ma chambre : les vêtements sur une chaise, les chaussettes neuves dans les souliers neufs, et, sur la commode, un cartable que gonflaient mes cahiers, mon plumier, et ma blouse soigneusement pliée…

C'est le lundi au matin que nous partîmes pour le lycée.

cousu main : 手工縫制的
semelle : *n.f.* 鞋底
clouté, e : *adj.* 有钉子状凸 起的
pardessus : *n.m.* 外套, 大衣
martingale : *n.f.* 后腰带
profil : *n.m.* 侧面, 侧面像
plumier : *n.m.* 文具盒
couvercle : *n.m.* 盖子
tout seul : 自行地
porte-plume : *n.m.* (蘸水 钢笔) 笔杆, 笔管
gomme : *n.f.* 橡皮
mourir d'envie de… : 极 想做…
commode : *n.f.* 五斗橱

··· Compréhension du texte ···

1 Lequel de ces vêtements suivants ne fait pas partie du costume qu'on offre au héros ? (   )

A)

B)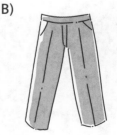

C)

D)

2 Répondez par vrai ou faux.

1) Le miroir à trois faces permet au narrateur d'observer son profil qu'il n'a jamais vu. (   )

2) La tante Rose lui donne un très beau plumier pour féliciter sa réussite au baccalauréat. (   )

3) Tous les vêtements et les affaires nécessaires pour la rentrée sont bien préparés à la maison. (   )

3 « ...si tendre que je mourais d'envie de la manger tout de suite », comment comprenez-vous cette phrase ? (   )

A) La gomme est aussi tendre qu'un gâteau, donc je peux la manger tout de suite.

B) La gomme est si tendre, cela me suscite un sentiment que je pourrais la manger.

C) La gomme est très tendre, mais je ne peux pas la manger tout de suite.

Texte 3 ───── ❧ **Céline aura une belle robe** ❧ ─────

···· À propos du texte ··········

本文选编自法国小说家埃尔维·巴赞（Hervé Bazin）创作的小说《火上浇油》
（*L'Huile sur le feu*）。文章描写了一位小女孩在试穿妈妈给她缝制的新裙子，妈妈拿着工
具不断地给女儿调试着衣服，小女孩则为了配合妈妈在镜子前面摆出各种姿势……

···· Le texte ·····················

« Céline, me disait ma mère, lève les bras, tourne-toi ! »

Moi, je pivotais devant la glace de l'armoire, hanche à
gauche, hanche à droite, le menton sur l'épaule, l'œil vers le
miroir pour m'admirer de haut en bas, de dos, de face ou de
profil.

Maman avait taillé ma robe sur un patron de papier de soie
et l'avait cousue de son mieux.

Elle avait bien quelque chose de villageois, ma robe, dans le
choix du tissu comme dans sa coupe.

Mais je la trouvais belle.

Quant à ma mère, la craie en main, la bouche pleine d'épingles, elle contemplait son œuvre sans y trouver le moindre
défaut.

pivoter :	*v.i.* 旋转
hanche :	*n.f.* 髋部
tailler :	*v.t.* 裁剪
patron :	*n.m.* (服装裁剪的)纸样
coudre :	*v.t.* 缝
tissu :	*n.m.* 料子
coupe :	*n.f.* 裁剪
craie :	*n.f.* 裁剪用的划粉
épingle :	*n.f.* 大头针

« Tu te tiens tranquille, oui ! … Tourne-toi… Lève les bras… »

Dernière inspection. Peut-être l'épaule gauche était-elle un peu haute ? Non, c'était moi qui ne me tenais pas droite…

« Ça va, enlève ta robe », dit enfin maman d'une voix étouffée, entre ses lèvres serrées.

Puis, elle retira les épingles de sa bouche, et les planta une par une dans la pelote de velours bleu.

Elle souriait.

Oui, Céline aurait une jolie robe.

se tenir tranquille : 一动
   不动，保持安静
inspection : *n.f.* 检查

étouffé, e : *adj.* 闷住的

pelote : *n.f.* 针垫
velours : *n.m.* 天鹅绒

··· Compréhension du texte ···

1 « La robe a quelque chose de villageois », qu'est-ce que cette phrase veut dire ?

_____

2 Est-ce que la maman peut parler naturellement à sa fille ? Pourquoi ?

_____

_____

3 Complétez les blancs par des noms d'outil de la couturière.

La maman taille la robe d'après un _____ de _____ de soie. Elle trace un trait à la _____ et elle pique des _____ dans le tissu.

Texte 4 ⸺⸺⸺•⸺⸺ ⟨ **Au rayon pour enfants** ⟩ ⸺⸺⸺

····· À propos du texte ··········

　　本文节选自法国作家爱弥尔·左拉（Émile Zola）的长篇小说《妇女乐园》（*Au Bonheur des Dames*），文中的场景发生在19世纪下叶巴黎的一家大型百货公司内，百货公司琳琅满目的商品和各种促销活动经常引得大批女士前来购物。在百货公司儿童服装柜台处，聚集了一批大大小小的孩子，热情的售货员丹尼丝（Denise）非常喜欢跟孩子们打交道……

···· Le texte ·······················

Denise était première vendeuse d'un rayon pour enfants. Il fallait la voir au milieu de son régiment de bambins. Elle y était bien à sa place, car elle adorait les enfants.

Parfois, on comptait là une cinquantaine de fillettes, autant de garçons, tout un pensionnat !

Les mères perdaient la tête. Denise, elle, souriait et faisait aligner ce petit monde sur des chaises.

Et puis, quand il y avait dans le tas une gamine rose, dont le joli museau la tentait, elle voulait la servir elle-même. Elle apportait la robe, l'essayait sur nos jeunes épaules avec des précautions tendres de grande sœur.

Des rires clairs sonnaient, de légers cris partaient au milieu des voix grondeuses.

régiment : *n.m.* 一大群
bambin : *n.m.* 幼儿
pensionnat : *n.m.* 寄宿学校
perdre la tête : 失去冷静
aligner : *v.t.* 排成直线
tas : *n.m.* 堆
gamin, e : *n.* 孩子
museau : *n.m.* <俗>脸
tenter : *v.t.* 吸引
précaution : *n.f.* 小心
grondeur, se : *adj.* 隆隆作响的

Parfois une fillette déjà grande personne, neuf ou dix ans, ayant aux épaules un paletot de drap, l'étudiait devant une glace, se tournait, se retournait, les yeux luisants.

Et le déballage encombrait les comptoirs : des robes en toile rose ou bleue pour enfants d'un à cinq ans, des costumes de marin, des manteaux, des jaquettes, un pêle-mêle de vêtements, tournés, examinés longuement par les mamans.

Denise avait toujours au fond des poches quelques friandises. Elle apaisait les pleurs d'un marmot désespéré de ne pas emporter des culottes rouges.

Elle vivait là parmi les petits, comme dans sa famille.

paletot : *n.m.* 外套	
drap : *n.m.* 呢绒	
luisant, e : *adj.* 发光的	
déballage : *n.m.* 拆包	
encombrer : *v.t.* 充塞，堆满	
comptoir : *n.m.* 柜台	
toile : *n.f.* 平纹布	
jaquette : *n.f.* 夹克，短外套	
pêle-mêle : *n.m.inv.* 混杂	
friandise : *n.f.* 糖果	
apaiser : *v.t.* 使平静	
marmot : *n.m.* 小男孩	

···· **Compréhension du texte** ····

1 Qu'est-ce que Denise fait comme travail ? (   )

A) Elle est maîtresse d'un pensionnat.
B) Elle est première couturière du village.
C) Elle est première vendeuse du rayon pour enfants.

2 La fillette se tourne et se retourne devant une glace, pourquoi ? (   )

A) Sa mère lui demande de danser devant la glace.
B) Elle se regarde dans la glace pour examiner si le nouveau paletot lui va bien.
C) Elle essaye de voir clairement le vêtement dans la glace car elle est myope (近视的).

3 Complétez les blancs à l'aide des mots dans le texte.

Au _____ pour enfants les rires sonnent. Il y a là tout un _____ de fillettes. Elles _____ des robes, des manteaux.
Elles se regardent dans la _____. Janine fait partie d'elles, mais elle doit s'occuper de son petit frère en même temps, soudain, ce _____ commence à pleurer, la vendeuse vient le consoler avec des _____.

UNITÉ 10

Transformer le monde avec des mots

用文字改变世界

· · · À propos du texte · · · · · · · · ·

> 本文选自法国诗人约瑟夫·保罗·施奈德（Joseph Paul Schneider）的诗集《在树与树皮之间》（*Entre l'arbre et l'écorce*）。作者在卢森堡的欧洲学校（École européenne）担任法语教师，长期致力于法语的推广和传播。本文所选的诗歌十分简短，意境优美，朗朗上口，诗的前四节结构一致，最后一节比前四节多了一句，突出了语言是世界上的特殊存在。

· · · Le texte · · · · · · · · · · · · · · · · ·

Tu dis sable
Et déjà,
La mer est à tes pieds.

Tu dis forêt
Et déjà,
Les arbres te tendent leurs bras.

Tu dis colline
Et déjà,
Le sentier court avec toi vers le sommet.

tendre : *v.t.* 伸出

colline : *n.f.* 山丘

sentier : *n.m.* 小径

Tu dis nuage
Et déjà,
Un cumulus t'offre la promesse d'un voyage.

Tu dis poème
Et déjà,
Les mots volent et dansent
Comme étincelles dans la cheminée.

cumulus : *n.m.* 积云

étincelle : *n.f.* 火花

··· Compréhension du texte ···

1 Quels sont les quatre premiers éléments qu'évoque le poète ?

_____

_____

_____

2 Quel est le dernier élément nommé ? Pourquoi est-il différent des autres ?

_____

_____

_____

_____

3 Quelle règle d'écriture s'est donné le poète ?

_____

_____

_____

_____

··· À propos du texte ·········

　　本文节选自法国诗人阿兰·博斯凯（Alain Bosquet）创作的诗篇《当诗人经过》（*Passage d'un poète*），诗人在其中运用了大量的修辞手法：首句回旋、拟人、夸张等等，使整个选段极具艺术表现力。作者也发挥了超凡的想象力，从大自然中汲取灵感，高度赞美了语言的力量。

··· Le texte ·············

Le poète est passé : le ruisseau qui hésite,
devient fleuve royal ;
il n'a plus de repos ni de limites :
il ressemble au cheval.

Le poète est passé : au milieu du silence
s'organise un concert,
comme un lilas ; une pensée se pense,
le monde s'est ouvert.

Le poète est passé : un océan consume
ses bateaux endormis.
La plage est d'or et tous les ors s'allument
pour s'offrir aux amis.

ruisseau : *n.m.* 溪流
hésiter : *v.i.* 踌躇
royal, ale : *adj.* 雄伟的
lilas : *n.m.* 丁香
consumer : *v.t.* 毁坏

Le poète est passé : il n'est plus de délire
qui ne soit œuvre d'art.[1]
Le vieux corbeau devient un oiseau-lyre[2].
Il n'est jamais trop tard

pour vivre quinze fois : si le poète hirsute
repasse avant l'été,
consultez-le car de chaque minute
il fait l'éternité.[3]

délire : *n.m.* 疯狂	
corbeau : *n.m.* 乌鸦	
hirsute : *adj.* 蓬乱的	

···· Notes ··

1 il n'est plus de délire qui ne soit œuvre d'art : 没有一种疯狂不会变成艺术品。该句中 qui ne soit œuvre d'art 为关系从句，用来补充说明先行词 délire，soit 为 être 的虚拟式现在时。在法语中，当主句动词为否定形式时，关系从句动词应使用虚拟式。

2 oiseau-lyre : 琴鸟。琴鸟具有竖琴形美丽尾羽，因而得名，其鸣声很像铜铃，悦耳动听。

3 car de chaque minute il fait l'éternité : 因为他会将每一分钟都变成永恒。该句使用的是 faire A de B 结构，意为"将 B 物变成 A 物"，文中 de B 置于 faire A 前面。

···· Compréhension du texte ····

1 Que se passe-t-il après chaque passage du poète ?

_____

_____

_____

2 Dans la dernière strophe, à qui s'adresse le poète ?

_____

_____

3 D'après vous, pourquoi la nature inspire-t-elle souvent les poètes ?

_____

_____

_____

Texte 3 — Le langage nous engage...

··· À propos du texte ··········

　　语言是一种无形的存在，却在人类社会中扮演了十分重要的角色，语言是否仅是人类用来沟通的工具？是否拥有强大的功能和力量？本文讲述了一位演说家面对听众对语言力量的质疑，用了短短两句话，就即刻让人感受到语言的力量。

··· Le texte ························

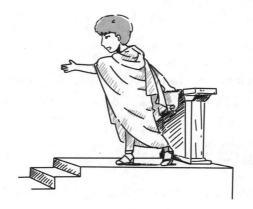

Notre langage véhicule notre pensée. Les mots que vous utilisez transmettent une vision du monde, un état émotionnel, une clarification. Ils encouragent, stimulent, menacent, désespèrent, trébuchent dans le vide... Petite histoire sur le pouvoir des mots :

Un orateur parle du pouvoir de la pensée positive et des mots.

Un participant lève la main et dit :

« Ce n'est pas parce que je vais dire bonheur, bonheur, bonheur ! que je vais me sentir mieux, ni parce que je dis malheur, malheur, malheur ! que je me sentirai moins bien : ce ne sont que des mots. Les mots sont en eux-mêmes sans pouvoir... »

L'orateur répond :

véhiculer : *v.t.* 成为载体

état : *n.m.* 状态

émotionnel, le : *adj.* 情感上的

clarification : *n.f.* 澄清

stimuler : *v.t.* 刺激

trébucher : *v.i.* 磕绊

orateur, trice : *n.* 演说家

participant, e : *n.* 参加者

« Taisez-vous espèce d'idiot, vous êtes incapable de comprendre quoi que ce soit ! »

Le participant est comme paralysé, il change de couleur et s'apprête à faire une repartie cinglante : "Vous, espèce de..."

L'orateur lève la main : "Je vous prie de m'excuser. Je ne voulais pas vous blesser. Je vous prie d'accepter mes excuses les plus humbles"

Le participant se calme.

L'assemblée murmure, il y a des mouvements dans la salle.

L'orateur reprend :

« Vous avez la réponse à la question que vous vous posiez[1] : quelques mots ont déclenché chez vous une grande colère. D'autres mots vous ont calmé. Comprenez-vous mieux le pouvoir des mots ? »

espèce : *n.f.* (贬义) 家伙
idiot, e : *n.* 白痴
quoi que ce soit : 无论什么
paralysé, e : *adj.* 瘫痪的
s'apprêter : *v.pr.* 准备
repartie : *n.f.* 巧妙的回答
cinglant, e : *adj.* 尖刻的
humble : *adj.* 谦逊的
assemblée : *n.f.* 集会
déclencher : *v.t.* 掀起

···· **Note** ·······································

1 Vous avez la réponse à la question que vous vous posiez : 对于刚才您提出的问题，您已经有了答案。该句中 **que vous vous posiez** 为关系从句，用作限定先行词 **la question**。

···· **Compréhension du texte** ····

1 Répondez par vrai ou faux.

1) L'orateur est d'avis que si l'on dit bonheur, on se sentira mieux. (   )
2) Si l'orateur dit des gros mots au participant, c'est totalement parce qu'il le déteste. (   )
3) L'orateur adopte deux façons de parler différentes pour faire comprendre le pouvoir des mots. (   )

2 « Il change de couleur et s'apprête à faire une <u>repartie</u> cinglante », choisissez le mot qui a le même sens que le mot souligné. (   )

A) réplique   B) repousse   C) réputation

3 Relevez du texte des verbes qui peuvent indiquer le pouvoir des mots.

_____

_____

1751年，由法国启蒙思想家狄德罗（Diderot）主持编纂的《百科全书》（*Encyclopédie*）第 1 卷在法国出版，这是图书出版领域一次史无前例的伟大创举，也将欧洲的启蒙运动推向高潮。《百科全书》的百余位编者整理了从古至18世纪中叶，人类积累的全部知识；同时通过他们对知识、自然、理性、生活等崭新的理解，全面重建了人的思维方式，撼动了法国乃至欧洲的传统思想。从那时起，科学和自由成了欧洲人的基本价值。

···· Le texte ··········

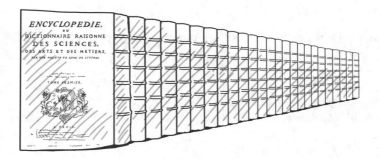

Œuvre aussi colossale que lumineuse, *L'Encyclopédie* ou *Dictionnaire raisonné des sciences, des arts et des métiers* se présente comme une compilation des connaissances humaines du XVIIIe siècle. Entre 1751 et 1772, plus de cent cinquante philosophes, mathématiciens, géographes, penseurs, savants, artistes, diplomates assombrissent ses feuillets et grossissent l'ouvrage (17 volumes de texte, 11 volumes d'illustrations et 74 000 articles). Denis Diderot, « rédacteur en chef » de *L'Encyclopédie*, signe pas moins de 5000 articles, jusqu'à l'épuisement – il écrira au terme de cette aventure éditoriale : « le grand et maudit ouvrage est fini ».

Mettant en avant des idées pionnières sur les mœurs, l'esclavage, la société, la religion, *L'Encyclopédie* s'expose

aussi colossale que lumineuse :
　既恢弘又光明的
Encyclopédie :《百科全书》
compilation : *n.f.* 编纂
assombrir : *v.t.* 使阴暗，此处
　指在纸上写字
feuillet : *n.m.* 张，页
rédacteur en chef : 主编
terme : *n.m.* 结束
éditorial, e : *adj.* 出版的
maudit, e : *adj.* 可恶的，讨厌
　的，此处为戏谑的说法
pionnier, ère : *adj.* 先驱的，首
　创的
mœurs : *n.m.pl.* 习俗
esclavage : *n.m.* 奴隶制
s'exposer : *v.pr.* 置身于；遭到

à la censure des autorités. En effet, l'œuvre sème une pensée révolutionnaire abreuvée d'humanité, raisonnée et unie contre les absolutismes. Ses articles sont traduits anonymement en Angleterre, en Allemagne, en Italie et jusqu'en Russie. Les graines des grandes révolutions sont semées… Diderot ne verra jamais leur aboutissement, mais il avait prévu cette éventualité : en 1762, il écrit : « cet ouvrage produira sûrement avec le temps une révolution dans les esprits, et j'espère que les tyrans, les oppresseurs, les fanatiques et les intolérants n'y gagneront pas. » Visionnaire…

censure : *n.f.* 审查
autorité : *n.f.* 权力机关
semer : *v.t.* 播种，散布
abreuvé, e : *adj.* 充满…的
absolutisme : *n.m.* 专制主义
anonymement : *adv.* 匿名地
graine : *n.f.* 种子
aboutissement : *n.m.* 结果
prévoir : *v.t.* 预见
éventualité : *n.f.* 可能发生的情况
tyran : *n.m.* 暴君
oppresseur : *n.m.* 压迫者
fanatique : *n.* 狂热信徒
intolérant, e : *n.* 排斥异己者
visionnaire : *n.* 有预见的人

···· Compréhension du texte ···

1 Si l'on dit que *L'Encyclopédie* est une œuvre colossale, c'est parce que / qu'… ( )

A) elle réunit plus de cent cinquante experts des domaines différents pour l'achever.
B) elle comprend plus de vingtaine de volumes.
C) ça fait plus de vingt ans qu'on publie tous les volumes.
D) toutes les affirmations ci-dessus.

2 Pourquoi *L'Encyclopédie* s'expose à la censure des autorités ? ( )

A) Parce qu'il y a trop de personnes qui participent à la rédaction de cette œuvre, il commence à manquer des mains d'œuvre dans les usines.
B) Parce que les articles dans cette œuvre ne sont pas tous corrects, ce qui produit des accidents dans les usines.
C) Parce que cette œuvre n'est destinée qu'aux nobles, le peuple n'a pas le droit de le lire.
D) Parce que cette œuvre prône des idées pionnières qui ne peuvent pas être tolérées par les gouverneurs.

3 « Les graines des grandes révolutions sont semées… Diderot ne verra jamais leur aboutissement, mais il avait prévu cette éventualité ». De quel événement historique s'agit-il ici ? ( )

A) De la Révolution française.
B) De la prise de pouvoir de Napoléon.
C) Du couronnement de Louis XIV.
D) De la Commune.

LES CORRIGÉS

参考答案

Unité 1 ⸺ À l'école

Texte 1　À l'école des surprises

1 Cette histoire se passe dans une salle de classe, Monsieur Dubéret est le maître de la classe.

2 1) – c)　　2) – a)　　3) – b)

3 Il n'y a plus de place pour installer les animaux qu'apportent les élèves dans la classe.

Texte 2　La nouvelle

1 Le « je », c'est un garçon à l'école primaire, et « elle » est une nouvelle camarade de classe.

2 D. E.

3 Elle est timide, jolie et surtout, elle est extraordinaire.

Texte 3　Un carnet « Top secret »

1 C

2 Parce que Nico et Farid sont deux amis très proches, Farid croyait qu'il connaissait tous les secrets de Nico. Si ce n'était pas le cas, il serait inquiet.

3 On ne sait pas très clairement, mais on peut deviner qu'Alice est une petite fille dans la même classe que Nico.

Texte 4　Une drôle d'équipe

1 1) faux　　2) vrai　　3) vrai　　4) faux

2 A C D

3 1) 6, 2016　　2) 30　　3) 28

Unité 2 ⸺ Vies de famille

Texte 1　Le bonheur de la vie de famille

1 B

2 C

3 B

Texte 2　La routine de Patrick

1 Patrick est agent immobilier, il a des enfants mais on n'en sait pas combien.

2 Quelquefois, il mange avec un client au restaurant, mais en général, il rentre pour prendre son repas avec sa femme.

3 On ne peut pas dire qu'il est pauvre, parce que pour l'instant, ses affaires vont bien malgré la crise. Et il espère aussi que ça dure.

Texte 3   Maman

1 La mère vient ouvrir la porte pour éveiller son enfant, et puis ils s'embrassent. La mère entrouvre aussi la fenêtre pour faire entrer le soleil et l'air frais.

2 Elle est tendre, courageuse, affectueuse et travailleuse.

3 B

Texte 4   La maison des petits bonheurs

1 A

2 B

3 C

Unité 3 ——— • Vivent les fêtes ! • ———

Texte 1   Joyeux Noël !

1 Ils sont trop jeunes pour assister au réveillon, ils ont besoin de dormir.

2 1) – c)   2) – a)   3) – b)

3 Le matin de Noël, les enfants trouveront leurs jouets désirés devant la cheminée.

Texte 2   Un rendez-vous mystérieux

1 C'est le Père Noël qui envoie ce message. Le message est destiné à Thomas.

2 Thomas pourra choisir tout ce qu'il veut, parce qu'il sera le premier à choisir les cadeaux du Père Noël, il aura beaucoup de choix.

3 B

Texte 3   La journée de la femme

1 1) faux   2) vrai

2 A

3 1) lutte   2) parité   3) salaire   4) persister

Texte 4   C'est quoi, le Nouvel An chinois ?

1 1) faux   2) vrai   3) faux

2 Pour chasser le monstre dangereux qui n'aimait ni le bruit, ni la lumière, ni le rouge.

3 B C E F D A

Unité 4 — Histoire de France

Texte 1 Charlemagne, empereur d'Occident

1 B

2 1) vrai   2) faux   3) faux

3 A

Texte 2 Louis XIV, roi absolu

1 D

2 Pour attirer l'attention des grands seigneurs aux divertissements de sorte qu'ils ne veulent pas penser à se révolter.

3 B

Texte 3 1789, l'année de la Révolution française

1 Les travailleurs du Tiers-État doivent payer beaucoup d'impôts, mais les nobles et les hommes d'Église n'en ont pas besoin, ils ont beaucoup de privilèges et vivent dans de meilleures conditions.

2 Parce que la Bastille est un symbole de l'injustice royale.

3 L'Assemblée nationale abolit les privilèges des seigneurs et vote la Déclaration des Droits de l'Homme et du Citoyen.

Texte 4 Lettre d'une épouse à son mari, soldat

1 La lettre a été écrite le 23 avril 1916, pendant la Première Guerre mondiale ; le destinataire était un soldat qui était alors au front.

2 1) faux   2) faux   3) vrai

3 Non, parce qu'en fait, son ami s'est fait amputer.

Unité 5 — Contes et fables

Texte 1 Les enfants désunis du laboureur

1 A

2 Parce que ses enfants ne voulaient pas écouter ses conseils.

3 C

Texte 2   La Barbe-Bleue

1 B

2 C

3 C

Texte 3   Conte des trois souhaits

1 Non, je ne le crois pas, parce qu'on sait qu'il « n'était pas fort riche », cela ne veut pas dire qu'il soit très pauvre ; de plus, il avait le bonheur de se marier avec une jolie femme.

2 B

3 Non, la femme souhaitait être belle, riche, et de qualité, mais le mari croyait qu'il serait plus sage de souhaiter de la santé, de la joie, et une longue vie.

Texte 4   La fée poussière

1 C

2 1) faux   2) faux   3) faux

3 A

Unité 6 ———— (La science et l'esprit scientifique)

Texte 1   La migration des oiseaux

1 B

2 Parce qu'ils peuvent perdre jusqu'à 50% de leur poids lors de la migration.

3 désavantageux / défavorables

Texte 2   Qu'est-ce qu'un volcan ?

1 B

2 Le magma

3 1) faux   2) vrai   3) vrai

Texte 3   L'homme et la nature

1 Il y a des peuples qui respectent la nature.

2 gaspillage, gaspilleur

3

Les peuples du Nord	Les pays riches
b) d)	a) c) e) f)

Texte 4   L'esprit d'observation

1 Écouter est un acte de perception consciente, entendre est plutôt un acte de sensation inconsciente.

2 B

3 A

Unité 7 · Connaissez-vous bien la langue française ?

Texte 1   « La langue de Molière » : origine de l'expression

1 C

2 1) vrai   2) faux   3) faux

3 1) – d) ; 2) – a) ; 3) – f) ; 4) – c) ; 5) – b) ; 6) – e)

Texte 2   Comment est née la langue française ?

1 C

2 C

3 B

Texte 3   La beauté de la langue française

1 1) faux   2) vrai   3) vrai

2 C

3 A

Texte 4   Préface de *Cromwell*

1 Parce que l'esprit humain est toujours en marche et la langue se développe avec lui.

2 Montaigne et Rabelais sont deux grands écrivains français qui peuvent représenter la culture linguistique de leurs époques. Comme ils vivent dans deux époques différentes, la phrase entre guillemets veut dire en fait que la langue française évolue avec le temps.

3 C

Unité 8 ——— · Faire la cuisine · ———

Texte 1   Le Mont-d'Or, un produit de saison

1 En été, les Français consomment des fruits, en automne des champignons, et en hiver des plats chauds.

2 B

3 1) faux   2) vrai   3) faux

Texte 2   La gastronomie française, patrimoine de l'UNESCO

1 C

2 La convivialité, le plaisir du goût, le partage, l'association avec le vin, le lien aux terroirs...

3 1) vrai   2) faux   3) faux

Texte 3   Mon oncle et les gigots

1 On trouvait sur chaque table le gigot bien piqué d'ail, reposant sur un lit de pommes de terre coupées rondes et minces.

2 Parce qu'il avait de la compassion. Avec un peu de jus, les plats des gens pauvres auraient un goût plus délicieux.

3 Il lui demandait de couper quelques tranches de leur gigot et de les mettre dans les plats maigres. La tante obéissait.

Texte 4   Petite pâtissière

1 La mère voulait en fait offrir à sa fille une opportunité de s'entraîner à faire des galettes indépendamment.

2 Pour faire des galettes , elle utilise de la farine, des œufs, du lait, de la levure, du sucre et du beurre.

3 galettes, tablier, cheveux, essuie, mains, farine, biscuits, poulailler, œufs, chèvre

Unité 9 ———— • ❰ Nos vêtements ❱ • ————

Texte 1   Les jumelles au magasin

1 A

2 B

3 C

Texte 2   Mon habit neuf

1 D

2 1) vrai   2) faux   3) vrai

3 B

Texte 3   Céline aura une belle robe

1 La robe n'est pas à la dernière mode de la ville.

2 Non, parce que sa bouche est pleine d'épingles qu'elle utiliserait pour fixer le tissu de la robe, elle ne peut pas ouvrir sa bouche naturellement quand elle parle.

3 patron, papier, craie, épingles

Texte 4   Au rayon pour enfants

1 C

2 B

3 rayon, pensionnat / régiment, essayent / essaient, glace, marmot / gamin, friandises

Unité 10 — • Transformer le monde avec des mots • —

Texte 1   Tu dis

1 Les quatre premiers éléments qu'évoque le poète sont : le « sable », « la mer », la « forêt » et « les arbres ». La parole du poète semble créer la terre, la mer et la nature vivante.

2 Les derniers éléments nommés sont « les mots ».
« Les mots » ne sont pas des éléments naturels, ils ne font pas partie des quatre éléments primordiaux que sont la terre, l'air, le feu et l'eau. Ils sont issus de l'homme, seul animal doué de paroles.

3 – Répétition de « tu dis » « et déjà »
– « Tu dis » + nom (sans déterminant)
– Le 3ème vers de chaque strophe a une relation de sens avec le nom du premier vers de la strophe : sable/mer ; forêt/arbre ; colline/sentier ; nuage/cumulus ; poème/mots.

Texte 2   Passage d'un poète

1 D'abord le « ruisseau » devient « fleuve », c'est-à-dire un cours d'eau puissant ; ensuite, la nature s'épanouit, prend vie ; puis, « un océan » s'anime, le bord de mer, lui, c'est-à-dire « la plage » brille de tout son « or », sa couleur fait de lui un véritable trésor ; enfin, tout devient « œuvre d'art » à travers la parole du poète.

2 L'impératif « consultez-le » au vers 19 semble s'adresser au lecteur, ainsi la réflexion sur le pouvoir du poète est convoquée au cœur.

3 La nature inspire souvent les poètes car elle est ce qui entoure tout homme, ce qui l'a précédé sur terre, elle est ce qu'il peut observer, sentir, toucher, entendre, goûter, mettant ainsi tous ses sens à l'épreuve.

Texte 3   Le langage nous engage...

1   1) faut   2) faux   3) vrai

2   A

3   véhiculer – transmettre – encourager – stimuler – menacer – désespérer – trébucher – déclencher – calmer

Texte 4   *L'Encyclopédie* de Diderot : les lumières mises à la page

1   D

2   D

3   A